NCERT प्रैक्टिस

वर्कबुक

हिंदी वसंत

कक्षा 7

प्रत्येक अध्याय में विभिन्न प्रकार के प्रश्न; बहुविकल्पीय, रिक्त स्थान, सत्य-असत्य, अतिलघु, लघु, दीर्घउत्तरीय, मूल्यपरक प्रश्न आदि साथ ही व्याकरण, लेखन व अपठित खंड का भी समावेश

अनामिका देशपाण्डे

arihant
अरिहन्त प्रकाशन (स्कूल डिवीज़न सीरीज़)

arihant

अरिहन्त प्रकाशन (स्कूल डिवीज़न सीरीज़)

रजि. कार्यालय

'रामछाया' 4577/15, अग्रवाल रोड, दरिया गंज, नई दिल्ली- 110002

फोन: 011-47630600, 43518550

मुख्य कार्यालय

कालिन्दी, टी०पी० नगर, मेरठ (यूपी)– 250002

फोन: 0121-7156203, 7156204

शाखा कार्यालय

आगरा, अहमदाबाद, बरेली, बंगलुरु, चेन्नई, दिल्ली, गुवाहाटी, हैदराबाद, जयपुर, झाँसी, कोलकाता, लखनऊ, नागपुर तथा पुणे

मूल्य ₹ 140.00

PO No : TXT-XX-XXXXXXX-X-XX

PUBLISHED BY ARIHANT PUBLICATIONS (INDIA) LTD.

'अरिहन्त' की पुस्तकों के बारे में अधिक जानकारी के लिए हमारी वेबसाइट **www.arihantbooks.com** पर लॉग इन करें या **info@arihantbooks.com** पर सम्पर्क करें।

Follow us on...

9 789327 196979

प्रोडक्शन टीम

पब्लिशिंग मैनेजर
केशव मोहन, अमित वर्मा

प्रोजेक्ट कॉर्डिनेटर
मनीष कुमार

प्रोजेक्ट एडिटर
अविनाश झा

कवर डिजाइनर
शानू मंसूरी

इनर डिजाइनर
रवि नेगी

प्रूफ रीडर
प्रीति

वर्कबुक की आवश्यकता क्यों?

किसी भी विषय को सीखने के लिए व उसमें दक्षता प्राप्त करने के लिए 'अभ्यास' सबसे महत्त्वपूर्ण आवश्यकता है। अभ्यास के माध्यम से ही विद्यार्थियों में ज्ञान का विकास होता है तथा उनकी स्मरण शक्ति में वृद्धि होती है। विद्यार्थियों को आवश्यक अभ्यास करवाने के लिए ही इस वर्कबुक को तैयार किया गया है। इस वर्कबुक के बारे में विस्तृत जानकारी नीचे दी गई है तथा यह समझाया गया है कि यह वर्कबुक विद्यार्थियों के लिए किस प्रकार से उपयोगी है।

पूर्णत: NCERT पाठ्य-पुस्तक पर आधारित

यह वर्कबुक पूर्णत: NCERT पाठ्य-पुस्तक पर आधारित है, NCERT ही एकमात्र ऐसी पाठ्य-पुस्तक है जो भारत सरकार व CBSE द्वारा स्कूलों के लिए Recommend की गई है। इस वर्कबुक में NCERT के पाठों की विषय-वस्तु पर आधारित विभिन्न प्रकार के प्रश्न दिए गए है। इन प्रश्नों का अभ्यास करके विद्यार्थी NCERT पाठ्य-पुस्तक के अध्यायों का सम्पूर्ण रूप से अभ्यास कर सकते हैं तथा उन पर अपनी पकड़ मजबूत कर सकते हैं।

एकमात्र सम्पूर्ण वर्कबुक

अरिहन्त वर्कबुक, एकमात्र ऐसी वर्कबुक है, जिसमें पाठ्यक्रम के सभी खण्डों क्रमश: पाठ्य-पुस्तक, व्याकरण, लेखन व अपठित बोध का समावेश किया गया है। इस प्रकार यह वर्कबुक विद्यार्थियों को परीक्षाओं की सम्पूर्ण तैयारी कराने में समर्थ है।

वर्कबुक – उद्देश्य, उपयोग एवं विशेषताएँ

इस वर्कबुक के प्रत्येक अध्याय में विभिन्न प्रकार के प्रश्नों का समावेश किया गया है, जो NCERT पुस्तकों के अध्यायों को सम्पूर्ण रूप से कवर करते हैं। इस प्रकार यह वर्कबुक विद्यार्थियों द्वारा कक्षा में पढ़े जाने वाली सामग्री का व्यवस्थित अभ्यास देती है। अत: यह वर्कबुक कक्षा में अथवा अपने घर पर दोनों जगह समान रूप से उपयोगी है।

इस वर्कबुक की कुछ विशेषताएँ निम्न हैं-

- सभी खण्डों क्रमश: पाठ्य-पुस्तक, व्याकरण, लेखन व अपठित बोध का सम्पूर्ण कवरेज।
- NCERT के सभी अध्यायों का विस्तृत कवरेज।
- विभिन्न प्रकार के प्रश्नों का समावेश; जैसे-रिक्त स्थानों की पूर्ति, सत्य-असत्य, सुमेलन, बहुविकल्पीय, अति लघु उत्तरीय, लघु उत्तरीय व दीर्घ उत्तरीय प्रश्न आदि।

इस वर्कबुक में दी गई सम्पूर्ण पाठ्य-सामग्री निश्चित रूप से विद्यार्थियों की विषय सम्बन्धी क्षमताओं व उनके विश्वास में वृद्धि करेगी। इस वर्कबुक के द्वारा विद्यार्थी हिन्दी विषय के प्रति अपनी कठिनाइयों तथा प्रश्नों को हल करते समय अपने मन में उठने वाले सन्देहों को आसानी से दूर कर पाऐंगे।

हम अध्यापकों, विद्यार्थियों व अभिभावकों से अपील करते हैं, कि वे इस वर्कबुक के सुधार के लिए अपने सुझावों को प्रस्तुत करें। हम सभी सुझावों को इस वर्कबुक के अगले संस्करणों में समाहित करने का प्रयास करेंगे।

प्रकाशक

विषय सूची

पाठ्य-पुस्तक (वसंत)

अध्याय 1 हम पंछी उन्मुक्त गगन के 1
अध्याय 2 दादी माँ 4
अध्याय 3 हिमालय की बेटियाँ 7
अध्याय 4 कठपुतली 10
अध्याय 5 मिठाईवाला 13
अध्याय 6 रक्त और हमारा शरीर 16
अध्याय 7 पापा खो गए 19
अध्याय 8 शाम-एक किसान 22
अध्याय 9 चिड़िया की बच्ची 25
अध्याय 10 अपूर्व अनुभव 29
अध्याय 11 रहीम के दोहे 32
अध्याय 12 कंचा 34
अध्याय 13 एक तिनका 37
अध्याय 14 खानपान की बदलती तस्वीर 40
अध्याय 15 नीलकंठ 43
अध्याय 16 भोर और बरखा 47
अध्याय 17 वीर कुँवर सिंह 50
अध्याय 18 संघर्ष के कारण मैं तुनुकमिज़ाज़ हो गया : धनराज 53
अध्याय 19 आश्रम का अनुमानित व्यय 56
अध्याय 20 विप्लव-गायन 59

पूरक पाठ्य-पुस्तक (महाभारत कथा)

अध्याय 1 देवव्रत 63
अध्याय 2 भीष्म प्रतिज्ञा 64
अध्याय 3 अंबा और भीम 65
अध्याय 4 विदुर 66
अध्याय 5 कुंती 67
अध्याय 6 भीम 68
अध्याय 7 कर्ण 69
अध्याय 8 द्रोणाचार्य 70
अध्याय 9 लाख का घर 72
अध्याय 10 पांडवों की रक्षा 73
अध्याय 11 द्रौपदी-स्वयंवर 74
अध्याय 12 इंद्रप्रस्थ 75
अध्याय 13 जरासंध 76
अध्याय 14 शकुनि का प्रवेश 77
अध्याय 15 चौसर का खेल एवं द्रौपदी की व्यथा 79
अध्याय 16 धृतराष्ट्र की चिंता 80
अध्याय 17 भीम और हनुमान 81
अध्याय 18 द्वेष करने वाले का जी नहीं भरता 82
अध्याय 19 मायावी सरोवर 83
अध्याय 20 यक्ष-प्रश्न 84
अध्याय 21 अज्ञातवास 85
अध्याय 22 प्रतिज्ञा-पूर्ति 86
अध्याय 23 विराट का भ्रम 87
अध्याय 24 मंत्रणा 88
अध्याय 25 राजदूत संजय 89
अध्याय 26 शांतिदूत श्रीकृष्ण 90
अध्याय 27 पांडवों और कौरवों के सेनापति 92
अध्याय 28 पहला, दूसरा और तीसरा दिन 93
अध्याय 29 चौथा, पाँचवाँ और छठा दिन 94
अध्याय 30 सातवाँ, आठवाँ और नवाँ दिन 95
अध्याय 31 भीष्म सर-शय्या पर 96
अध्याय 32 बारहवाँ दिन 97
अध्याय 33 अभिमन्यु 98
अध्याय 34 युधिष्ठिर की चिंता और कामना 99
अध्याय 35 भूरिश्रवा जयद्रथ और आचार्य द्रोण का अंत 100
अध्याय 36 कर्ण और दुर्योधन भी मारे गए 101
अध्याय 37 अश्वत्थामा 103
अध्याय 38 युधिष्ठिर की वेदना 104
अध्याय 39 पांडवों का धृतराष्ट्र के प्रति व्यवहार 105
अध्याय 40 श्रीकृष्ण और युधिष्ठिर 106

व्याकरण

अध्याय 1 भाषा, लिपि और व्याकरण 107
अध्याय 2 वर्ण-विचार 109
अध्याय 3 शब्द-विचार 111
अध्याय 4 उपसर्ग एवं प्रत्यय 113
अध्याय 5 संधि 115
अध्याय 6 समास 117
अध्याय 7 संज्ञा 119
अध्याय 8 संज्ञा के विकार 121
अध्याय 9 सर्वनाम 124
अध्याय 10 विशेषण 126
अध्याय 11 क्रिया 127
अध्याय 12 काल 129
अध्याय 13 वाच्य 131
अध्याय 14 अव्यय 133
अध्याय 15 वाक्य 137
अध्याय 16 पद-परिचय 138

लेखन

अध्याय 1 निबंध-लेखन 139
अध्याय 2 अनुच्छेद-लेखन 142
अध्याय 3 कहानी-लेखन 145
अध्याय 4 दृश्य-वर्णन 147
अध्याय 5 पत्र-लेखन 149
अध्याय 6 संवाद-लेखन 153

अपठित बोध

अध्याय 1 अपठित बोध (गद्यांश) 155
अध्याय 2 अपठित बोध (काव्यांश) 159

उत्तरमाला *164-170*

हम पंछी उन्मुक्त गगन के

शिवमंगल सिंह 'सुमन'

1 अतिलघु उत्तरीय प्रश्न

(क) पक्षी अपना स्वाभाविक गीत कहाँ सुनाते हैं?

(ख) पक्षियों को क्या-क्या खाना-पीना पसंद है?

(ग) पक्षियों को आकाश के तारे कैसे प्रतीत हो रहे हैं?

(घ) पक्षी किससे होड़ा-होड़ी करना चाहते हैं?

2 लघु उत्तरीय प्रश्न

(क) पक्षी पिंजरे में क्या-क्या परेशानियाँ महसूस करते हैं?

(ख) पक्षियों को सोने की क़टोरी में रखा मैदा क्यों पसंद नहीं है?

(ग) 'आकुल उड़ान में विघ्न न डालो' के माध्यम से पक्षी क्या कहना चाहते हैं?

3 **निम्नलिखित काव्यांशों को ध्यानपूर्वक पढ़िए और पूछे गए प्रश्नों के उत्तर दीजिए**

(1) हम पंछी उन्मुक्त गगन के
पिंजरबद्ध न गा पाएँगे,
कनक-तीलियों से टकराकर
पुलकित पंख टूट जाएँगे।

हम बहता जल पीनेवाले
मर जाएँगे भूखे-प्यासे,
कहीं भली है कटुक निबौरी
कनक-कटोरी की मैदा से।

(क) प्रस्तुत काव्यांश के आधार पर स्पष्ट कीजिए कि पक्षी क्यों नहीं गा पाएँगे?

(ख) 'कनक-तीलियाँ' किसे कहा गया है? इनसे पक्षियों को क्या डर है?

(ग) पक्षियों के लिए कटुक निबौरी किस प्रकार से भली है?

(घ) इनमें से पक्षियों का स्वभाव नहीं है

(i) आसमान में उड़ना ☐ (ii) पेड़ों पर बैठकर फल खाना ☐
(iii) नदी-झरनों का पानी पीना ☐ (iv) पिंजरे में गीत गाना ☐

(ङ) कवि पक्षियों के माध्यम से अपनी किस भावना को प्रकट करना चाहता है?

(i) पक्षी बनने की ☐ (ii) बहता जल पीने की ☐
(iii) सदा स्वतंत्र जीवन जीने की ☐ (iv) कनक-कटोरी में भोजन करने की ☐

(2) स्वर्ण-शृंखला के बंधन में
अपनी गति, उड़ान सब भूले,
बस सपनों में देख रहे हैं
तरु की फुनगी पर के झूले।

ऐसे थे अरमान कि उड़ते
नीले नभ की सीमा पाने,
लाल किरण-सी चोंच खोल
चुगते तारक-अनार के दाने।

(क) स्वर्ण-शृंखला के बंधन में पड़कर पक्षी क्या-क्या भूल गए हैं?

(ख) 'बस सपनों में देख रहे हैं' के माध्यम से पक्षी क्या कहना चाह रहे हैं?

(ग) पक्षी नभ में क्या-क्या करना चाहते थे?

(घ) पक्षी कहाँ झूलने की इच्छा रखते हैं?

(i) झूलों पर ☐ (ii) घोंसले में ☐

(iii) पेड़ की मोटी डाली पर ☐ (iv) पेड़ की सबसे ऊँची टहनी पर ☐

(ङ) पक्षियों की चोंच की तुलना किससे की गई है?

(i) नीले नभ से ☐ (ii) सूर्य की लाल किरणों से ☐

(iii) आसमान के तारों से ☐ (iv) अनार के दानों से ☐

4 नीचे दिए गए विकल्पों की सहायता से काव्य-पंक्तियाँ पूर्ण कीजिए।

होड़ा-होड़ी, क्षितिज, तनती, डोरी, मिलन, भिन्न, पंख, विघ्न आकुल, टहनी

होती सीमाहीन (क) ——— से इन पंखों की (ख), ——— या तो क्षितिज (ग) ——— बन जाता था (घ) ——— साँसों की (ङ) ——— ! नीड़ न दो, चाहे (च) ——— का आश्रय छिन्न (छ) ——— कर डालो, लेकिन (ज) ——— दिए हैं तो (झ) ——— उड़ान में (ञ) ——— न डालो।

5 नीचे दिए गए वाक्यों में सही के सामने सही (✓) तथा गलत के सामने गलत (✗) का चिह्न लगाइए।

(क) पक्षी आकाश में आज़ादी से उड़ना चाहते हैं। ☐

(ख) पक्षियों को कनक-तीलियाँ आकर्षित करती हैं। ☐

(ग) पक्षियों के पंख कोमल होते हैं। ☐

(घ) बहता जल पीने से पक्षी भूखे-प्यासे मर जाएँगे। ☐

(ङ) पक्षी आसमान की सीमा तक उड़ना चाहते हैं। ☐

(च) पक्षी घोंसलों को तोड़े जाने को भी सहने के लिए तैयार हैं। ☐

6 आशय स्पष्ट कीजिए

(क) हम पंछी उन्मुक्त गगन के

____

(ख) हम बहता जल पीने वाले मर जाएँगे भूखे-प्यासे

____

(ग) लाल किरण-सी चोंच खोल चुगते तारक-अनार के दाने

____

7 कल्पना कीजिए।

(क) यदि आपके घर के किसी भी स्थान पर किसी चिड़िया ने अपना घोंसला बना रखा है और किसी कारणवश आपको अपना घर फिर से बनवाना पड़ रहा हो तो आप उस चिड़िया के लिए किस प्रकार के प्रबंध करेंगे?

____

(ख) यदि पक्षियों की भाँति आपको पिंजरे में कैद कर लिया जाए तो आप अपनी आज़ादी के लिए क्या प्रयास करेंगे?

____

दादी माँ

शिवप्रसाद सिंह

1 अतिलघु उत्तरीय प्रश्न

(क) लेखक कौन-से महीने में बीमार नहीं पड़ना चाहता था?

(ख) किशन की शादी की रात दालान में कौन सो रहा था?

(ग) दादी माँ ने किशन भैया को चमकती हुई-सी कौन-सी चीज़ दी थी?

(घ) लेखक को किस बात पर विश्वास नहीं हो रहा था?

2 लघु उत्तरीय प्रश्न

(क) रामी की चाची, दादी के किस व्यवहार से उन्हें दुआएँ दे रही थीं?

(ख) अपराध हो जाने पर लेखक दादी की शरण में भागकर क्यों जाता था?

(ग) लेखक के पिताजी और किशन भैया परेशान क्यों थे?

3 दीर्घ उत्तरीय प्रश्न

(क) दादी ने बीमार लेखक के मुँह में किसी चबूतरे की मिट्टी डाली। उनके ऐसे कार्य को आप कितना उचित समझते हैं?

(ख) दादी के चरित्र की कौन-कौन सी विशेषताएँ आप अपनाना चाहेंगे?

4 निम्नलिखित गद्यांशों को पढ़कर पूछे गए प्रश्नों के उत्तर दीजिए।

(1) मुझे लगता है जैसे क्वार के दिन आ गए हैं। मेरे गाँव के चारों ओर पानी ही पानी हिलोरें ले रहा है। दूर के सिवान से बहकर आए हुए मोथा और साईं की अधगली घासें, घेऊर और बनप्याज की जड़ें तथा नाना प्रकार की बरसाती घासों के बीज, सूरज की गरमी में खौलते हुए पानी में सड़कर एक विचित्र गंध छोड़ रहे हैं। रास्तों में कीचड़ सूख गया है और गाँव के लड़के किनारों पर झागभरे जलाशयों में धमाके से कूद रहे हैं।

(क) गद्यांश के अध्याय और लेखक का नाम लिखिए।

(ख) दूर के सिवान से बहकर कौन-कौन सी चीज़े आई थीं?

(ग) वातावरण में बदबू उठने का क्या कारण था?

(घ) लड़के क्वार महीने का आनंद किस तरह उठा रहे थे?

(i) तालाबों में भरा पानी देखकर ☐ (ii) मोथा और साईं घासों में खेलकर ☐

(iii) बरसाती घासों के बीज उठाकर ☐ (iv) गंध एवं झाग भरे पानी में कूदकर ☐

(ङ) '<u>रास्तों में</u> कीचड़ सूख गया है।' रेखांकित अंश में कारक है।

(i) कर्ताकारक ☐ (ii) अपादान कारक ☐

(iii) अधिकरण कारक ☐ (iv) संप्रदान कारक ☐

(2) किशन के विवाह के दिनों की बात है। विवाह के चार-पाँच रोज़ पहले से ही औरतें रात-रातभर गीत गाती हैं। विवाह की रात को अभिनय भी होता है। यह प्राय: एक ही कथा का हुआ करता है, उसमें विवाह से लेकर पुत्रोत्पत्ति तक के सभी दृश्य दिखाए जाते हैं—सभी पार्ट औरतें ही करती हैं। मैं बीमार होने के कारण बारात में न जा सका। मेरा ममेरा भाई राघव दालान में सो रहा था (वह भी बारात जाने के बाद पहुँचा था)। औरतों ने उस पर आपत्ति की।

(क) विवाह के कुछ रोज़ पहले से ही आस-पड़ोस की औरतें किस तरह खुशियाँ मनाती हैं?

(ख) विवाह की रात मनाए जाने वाले अभिनय की दो विशेषताएँ लिखिए।

(ग) औरतों ने किस बात पर आपत्ति की?

(घ) राघव बारात में क्यों न जा सका?

(i) अनिच्छा होने के कारण
(ii) अभिनय में भाग लेने के कारण
(iii) अभिनय देखने के कारण
(iv) बारात जाने के बाद पहुँचने के कारण

(ङ) 'पुत्रोत्पत्ति' में संधि-विच्छेद होगा।

(i) पुत्र + ओत्पत्ति
(ii) पुत्रो + उत्पत्ति
(iii) पुत्रोत् + पत्ति
(iv) पुत्र + उत्पत्ति

(3) दादी माँ अकसर उदास रहा करतीं। माघ के दिन थे। कड़ाके का जाड़ा पड़ रहा था। पछुवा का सन्नाटा और पाले की शीत हड्डियों में घुस पड़ती। शाम को मैंने देखा, दादी माँ गीली धोती पहने, कोने वाले घर में एक संदूक पर दिया जलाए, हाथ जोड़कर बैठी हैं। उनकी स्नेह-कातर आँखों में मैंने आँसू कभी नहीं देखे थे। मैं बहुत देर तक मन मारे उनके पास बैठा रहा। उन्होंने आँखें खोलीं। "दादी माँ!" मैंने धीरे से कहा।

(क) लेखक ने ऐसा क्यों कहा है कि कड़ाके का जाड़ा पड़ रहा था?

(ख) लेखक ने शाम को दादी माँ को किस स्थिति में देखा?

(ग) लेखक की दादी माँ की आँखों में आँसू क्यों थे?

(घ) लेखक दादी के पास देर तक मन मारकर क्यों बैठा रहा?

(i) कड़ा जाड़ा पड़ने के कारण
(ii) तबीयत ठीक न होने के कारण
(iii) दादी की आँखों में आँसू देखने के कारण
(iv) पूजा में शामिल होने के कारण

(ङ) 'मैंने <u>धीरे से</u> कहा।' वाक्य में रेखांकित अंश है

(i) सर्वनाम
(ii) क्रिया-विशेषण
(iii) संबंधबोधक
(iv) निपात

5 नीचे दिए गए वाक्यों में सही के सामने सही (✓) तथा गलत के सामने गलत (✗) का चिह्न लगाइए।

(क) लेखक ने आषाढ़ में आम और जामुन न मिलने पर चिंता व्यक्त की है।
(ख) लेखक ने दादी माँ के आकर्षक, प्रेममय, स्नेहसिक्त व्यक्तित्व का वर्णन किया है।
(ग) दादी माँ रामी की चाची पर बिगड़ रही थीं।
(घ) लेखक बीमार होने के कारण बारात में न जा सका।
(ङ) लेखक ने दादी माँ की स्नेह कातर आँखों में सदैव आँसू ही देखे थे।

6 कल्पना कीजिए।

(क) यदि आप गाँव में रहते तो क्वार (महीने का नाम-अश्विन) के दिनों का आनंद किस प्रकार उठाते?

(ख) यदि आपके घर में विवाह हो और उसकी सारी ज़िम्मेदारी आपको दे दी जाए तो आप उसे किस प्रकार निभाएँगे?

(अध्याय 3)

हिमालय की बेटियाँ

नागार्जुन

1 अतिलघु उत्तरीय प्रश्न

(क) दूर से देखने पर लेखक को नदियाँ कैसी लगती थीं?

(ख) हिमालय के आस-पास के जंगलों में कौन-कौन से वृक्ष पाए जाते हैं?

(ग) हिमालय से निकलने वाली कुछ नदियों के नाम लिखिए।

(घ) नदियों का बाल रूप किन्हें आकर्षित नहीं करता है?

2 लघु उत्तरीय प्रश्न

(क) लेखक के दिल में किसके प्रति आदर और श्रद्धा के भाव विद्यमान थे?

(ख) पर्वत से उतरती नदियों को देखकर लेखक क्या-क्या कल्पनाएँ करता है?

(ग) काका कालेलकर ने नदियों को किस नाम से संबोधित किया है?

3 दीर्घ उत्तरीय प्रश्न

(क) पहाड़ी लोग नदियों की बाल-लीला देखकर आकर्षित क्यों नहीं होते हैं? आपको नदियों का रूप कैसा लगता है? अपने शब्दों में लिखिए।

(ख) नदियों का बढ़ता प्रदूषण रोकने के लिए आप क्या-क्या उपाय सुझाएँगे?

4 निम्नलिखित गद्यांशों को पढ़कर पूछे गए प्रश्नों के उत्तर दीजिए।

(1) परंतु इस बार जब मैं हिमालय के कंधे पर चढ़ा तो वे कुछ और रूप में सामने थीं। मैं हैरान था कि यही दुबली-पतली गंगा, यही यमुना, यही सतलुज समतल मैदानों में उतरकर विशाल कैसे हो जाती हैं! इनका उछलना और कूदना, खिलखिलाकर लगातार हँसते जाना, इनकी यह भाव-भंगी, इनका यह उल्लास कहाँ गायब हो जाता है मैदान में जाकर? किसी लड़की को जब मैं देखता हूँ, किसी कली पर जब मेरा ध्यान अटक जाता है, तब भी इतना कौतूहल और विस्मय नहीं होता, जितना कि इन बेटियों की बाललीला देखकर।

(क) हिमालय के कंधे पर चढ़ने का आशय क्या है?

(ख) लेखक की हैरानी का कारण क्या था?

(ग) लेखक ने बेटियाँ किन्हें कहा है?

(घ) इन बेटियों की उछल-कूद कहाँ गायब हो जाती है?

(i) हिमालय पर ☐ (ii) ऊँचे-नीचे मैदानों में ☐

(iii) समतल मैदानों में ☐ (iv) इनमें से कोई नहीं ☐

(ङ) 'उछलना' की भाववाचक संज्ञा है।

(i) उछलते ☐ (ii) उछाल ☐

(iii) उछल-कूद ☐ (iv) उछलती ☐

(2) सिंधु और ब्रह्मपुत्र—ये दो ऐसे नाम हैं जिनके सुनते ही रावी, सतलुज, व्यास, चनाब, झेलम, काबुल (कुभा), कपिशा, गंगा, यमुना, सरयू, गंडक, कोसी आदि हिमालय की छोटी-बड़ी सभी बेटियाँ आँखों के सामने नाचने लगती हैं। वास्तव में सिंधु और ब्रह्मपुत्र स्वयं कुछ नहीं हैं। दयालु हिमालय के पिघले हुए दिल की एक-एक बूँद न जाने कब से इकट्ठा हो-होकर इन दो महानदों के रूप में समुद्र की ओर प्रवाहित होती रही है। कितना सौभाग्यशाली है वह समुद्र जिसे पर्वतराज हिमालय की इन दो बेटियों का हाथ पकड़ने का श्रेय मिला।

(क) रावी, सतलुज, व्यास आदि नदियों का हिमालय से क्या संबंध जोड़ा गया है?

(ख) महानद किन्हें कहा गया है?

(ग) लेखक समुद्र को सौभाग्यशाली क्यों मानता है?

(घ) हिमालय के दिल की एक-एक बूँद किसे कहा गया है?

(i) नदियों को ☐ (ii) वहाँ पाए जाने वाले वृक्षों को ☐

(iii) महानदों को ☐ (iv) पिघलती बर्फ़ को ☐

(ङ) 'प्रवाहित' में प्रयुक्त प्रत्यय है

(i) हित ☐ (ii) ईत ☐

(iii) इत ☐ (iv) त ☐

5 सही कथन के सामने सही (✓) और गलत कथन के सामने गलत (✕) का चिह्न लगाइए।

(क) लेखक ने पहले नदियों को संभ्रांत महिला के रूप में देखा था। ☐

(ख) लेखक ने हिमालय पर नदियों को विशाल रूप में देखा। ☐

(ग) लेखक ने सिंधु और ब्रह्मपुत्र को हिमनद कहा है। ☐

(घ) लेखक ने सतलुज से बहन का रिश्ता जोड़ा था। ☐

(ङ) महाकवि कालिदास को नदियों का सचेतन रूप पसंद नहीं था। ☐

6 कल्पना कीजिए।

(क) नदियों में बढ़ती हुई गंदगी को देखते हुए आप उनकी साफ-सफाई के विषय में क्या उपाय कर सकते हैं?

(ख) पर्वत, नदियाँ, हिमालय आदि हमारी प्राकृतिक शोभा के आभूषण हैं। यदि आपसे प्रकृति के सौंदर्य का वर्णन करने के लिए कहा जाए तो आप किस प्रकार करेंगे?

कठपुतली

भवानीप्रसाद मिश्र

1 अतिलघु उत्तरीय प्रश्न

(क) स्वयं को बंधन में पड़ा देखकर कठपुतली की क्या प्रतिक्रिया हुई?

(ख) कठपुतली ने अपने आपको किससे बँधा हुआ पाया?

2 लघु उत्तरीय प्रश्न

(क) दूसरी कठपुतलियाँ पहली कठपुतली को समर्थन देने के लिए क्यों तैयार हो गईं?

(ख) कठपुतली बंधनों को क्यों तोड़ना चाहती थी?

3 निम्नलिखित काव्यांशों को पढ़कर पूछे गए प्रश्नों के उत्तर दीजिए।

(1) कठपुतली
गुस्से से उबली,
बोली—
ये धागे, क्यों हैं मेरे पीछे-आगे?
इन्हें तोड़ दो; मुझे मेरे पाँवों पर छोड़ दो।

(क) प्रस्तुत पद्यांश के कवि और कविता का नाम लिखिए।

(ख) काव्यांश के आधार पर बताइए कि किसे क्रोध आया और क्यों?

(ग) कठपुतली किसका प्रतीक है?

(घ) कठपुतली के स्वर में कौन-सा भाव है?

(i) विनम्रता का ☐ (ii) सदस्यता का ☐
(iii) विद्रोह का ☐ (iv) प्रार्थना का ☐

(ङ) 'इन्हें तोड़ दो।' प्रस्तुत वाक्य का भेद है

(i) विधानवाचक ☐ (ii) आज्ञावाचक ☐
(iii) संकेतवाचक ☐ (iv) संदेहवाचक ☐

(2) सुनकर बोलीं और-और
कठपुतलियाँ, कि हाँ,
बहुत दिन हुए, हमें अपने मन के छंद छुए।
मगर...
पहली कठपुतली सोचने लगी—
ये कैसी इच्छा, मेरे मन में जगी?

(क) 'मन के छंद छुए' पंक्ति से आप क्या समझते हैं?

(ख) पहली कठपुतली अपनी इच्छा पर पुनर्विचार करने पर विवश क्यों हो गई?

(ग) प्रस्तुत पद्यांश के माध्यम से कवि हमें क्या बताना चाहता है?

(घ) 'मगर' शब्द से किस मनोभाव की अभिव्यक्ति हुई है?

(i) प्रसन्नता ☐ (ii) शोक ☐
(iii) हिचकिचाहट ☐ (iv) उग्रता ☐

(ङ) '<u>पहली</u> कठपुतली सोचने लगी।' वाक्य में रेखांकित अंश है

(i) संज्ञा ☐ (ii) विशेषण ☐
(iii) विशेष्य ☐ (iv) सर्वनाम ☐

4 नीचे दिए गए वाक्यों में सही के सामने सही (✓) तथा गलत के सामने गलत (✗) का चिह्न लगाइए।

(क) कठपुतलियाँ पराधीन नहीं हैं। ☐

(ख) कठपुतलियाँ दूसरों की इच्छा और इशारे पर ही नाचना चाहती हैं। ☐

(ग) कठपुतलियाँ धागों को तोड़कर अपने पैरों पर खड़ा होना चाहती हैं। ☐

(घ) पहली कठपुतली की बात अन्य सभी कठपुतलियों को अच्छी लगती है। ☐

5 आशय स्पष्ट कीजिए।

(क) कठपुतली गुस्से से उबली, बोली-ये धागे क्यों हैं मेरे पीछे-आगे?

(ख) बहुत दिन हुए हमें अपने मन के छंद छुए।

(ग) ये कैसी इच्छा मेरे मन में जगी?

6 कल्पना कीजिए।

(क) कठपुतली के स्थान पर यदि आप होते तो अपनी स्वतंत्रता की इच्छा को किस प्रकार व्यक्त करते?

(ख) पहली कठपुतली की भाँति यदि सबकी स्वतंत्रता की जिम्मेदारी आप पर हो तो आप क्या करेंगे?

[अध्याय 5]

मिठाईवाला

भगवती प्रसाद वाजपेयी

1 अतिलघु उत्तरीय प्रश्न

(क) निकट के मकानों में हलचल क्यों मच जाती थी?

(ख) चुन्नू-मुन्नू ने खिलौने वाले से क्या-क्या खरीदा?

(ग) सस्ता सामान बेचने पर भी मिठाईवाले को इस व्यवसाय से क्या-क्या मिलता था?

(घ) रोहिणी उत्सुक क्यों थी?

2 लघु उत्तरीय प्रश्न

(क) "पेट जो न कराए, सो थोड़ा!" पंक्ति का आशय स्पष्ट कीजिए।

(ख) मिठाईवाले ने अपनी मिठाइयों की क्या विशेषताएँ बताईं?

(ग) रोहिणी ने मिठाईवाले के बारे में क्या अनुमान लगाया था?

3 दीर्घ उत्तरीय प्रश्न

(क) मिठाईवाले का सुर कैसा था? उसका गायन सुनकर बच्चों और युवतियों पर क्या असर होता था?

(ख) मिठाईवाला अपनी वस्तुओं को दुकानों पर थोक में न बेचकर गली-गली घूमकर क्यों बेचता था? अपने विचार व्यक्त कीजिए।

4 निम्नलिखित गद्यांशों को पढ़कर पूछे गए प्रश्नों के उत्तर दीजिए।

(1) बच्चे खिलौने देखकर पुलकित हो उठते। वे पैसे लाकर खिलौने का मोलभाव करने लगते। पूछते—"इछका दाम क्या है? औल इछका? औल इछका?" खिलौनेवाला बच्चों को देखता और उनकी नन्हीं-नन्हीं उँगलियों से पैसे ले लेता और बच्चों की इच्छानुसार उन्हें खिलौने दे देता। खिलौने लेकर फिर बच्चे उछलने-कूदने लगते और तब फिर खिलौनेवाला उसी प्रकार गाकर कहता—"बच्चों को बहलानेवाला, खिलौनेवाला"। सागर की हिलोर की भाँति उसका यह मादक गान गलीभर के मकानों में इस ओर से उस ओर तक लहराता हुआ पहुँचता और खिलौनेवाला आगे बढ़ जाता।

(क) खिलौने देखकर बच्चों की क्या प्रतिक्रिया होती है?

(ख) खिलौने पाकर बच्चे अपनी खुशी कैसे व्यक्त करते हैं?

(ग) खिलौने वाले का गान कहाँ लहराता था?

(घ) मादक गान की तुलना किससे की गई है?

(i) बच्चों की खुशी से ☐ (ii) शीतल हवा से ☐

(iii) लहराते सागर की लहरों से ☐ (iv) बच्चों की उछल-कूद से ☐

(ङ) इच्छानुसार का संधि-विच्छेद होगा

(i) इच्छा + नुसार ☐ (ii) इच्छ + अनुसार ☐

(iii) इच्छा + अनुसार ☐ (iv) इच्छा + आनुसार ☐

(2) मुरलीवाला एकदम अप्रतिभ हो उठा। बोला—"आपको क्या पता बाबू जी कि इनकी असली लागत क्या है! यह तो ग्राहकों का दस्तूर होता है कि दुकानदार चाहे हानि उठाकर चीज़ क्यों न बेचे, पर ग्राहक यही समझते हैं—दुकानदार मुझे लूट रहा है। आप भला काहे को विश्वास करेंगे? लेकिन सच पूछिए तो बाबू जी, असली दाम दो ही पैसा है। आप कहीं से दो पैसे में ये मुरली नहीं पा सकते। मैंने तो पूरी एक हज़ार बनवाई थीं, तब मुझे इस भाव पड़ी हैं।

(क) मुरली वाले के अप्रतिभ होने का क्या कारण था?

(ख) ग्राहक दुकानदार का विश्वास क्यों नहीं करते हैं?

(ग) मुरलीवाला कम दाम में मुरलियाँ कैसे बेच देता था?

(घ) मुरलीवाले को एक मुरली कितने पैसे में पड़ी थी?

(i) एक पैसे ☐ (ii) दो पैसे ☐ (iii) तीन पैसे ☐ (iv) चार पैसे ☐

(ङ) आप भला काहे को विश्वास करेंगे? वाक्य में रेखांकित अंश है

(i) तत्सम ☐ (ii) तद्भव ☐ (iii) देशज ☐ (iv) विदेशी ☐

5 नीचे दिए गए वाक्यों में सही के सामने सही (✓) तथा गलत के सामने गलत (✗) का चिह्न लगाइए।

(क) मुरलीवाला दुबला-पतला गोरा युवक था। ☐

(ख) रोहिणी समाचार पत्र पढ़ रही थी। ☐

(ग) फेरीवाले का बच्चों के प्रति बहुत ही कठोर व्यवहार था। ☐

(घ) रोहिणी को मुरली वाले का मीठा स्वर काफ़ी समय तक याद आता रहता है। ☐

(ङ) खिलौनेवाला, मुरलीवाला एवं मिठाईवाले का स्वर बच्चों को अपनी ओर आकर्षित करता है। ☐

(च) मिठाईवाला एक प्रतिष्ठित आदमी था। ☐

(छ) मिठाईवाले ने चुन्नू-मुन्नू को मिठाई नहीं दी। ☐

6 कल्पना कीजिए।

(क) कल्पना कीजिए आप एक फेरी वाले हैं और आपको अपने सामान को बेचने के लिए बच्चों को अपनी ओर आकर्षित करना है, तो आप क्या करेंगे?

____

____

(ख) कल्पना कीजिए कि आप किसी मेले में जाते हैं और वहाँ देखते हैं कि एक अन्य बच्चा पैसों के अभाव में खिलौने, मिठाई आदि खरीदने में असमर्थ है, तो ऐसी स्थिती में आप उस बच्चे के लिए क्या करेंगे?

____

____

अध्याय 6

रक्त और हमारा शरीर

यतीश अग्रवाल

1 अतिलघु उत्तरीय प्रश्न

(क) डॉक्टर ने दिव्या को कौन-सी बीमारी बताई?

(ख) रक्त को कितने वर्गों में बाँटा गया है?

(ग) आपातकाल में कहाँ से रक्त प्राप्त किया जा सकता है?

(घ) रक्तदान करने की उम्र क्या होती है?

(ङ) कितने समय पश्चात् दोबारा रक्तदान किया जा सकता है?

2 लघु उत्तरीय प्रश्न

(क) डॉक्टर ने दिव्या के खून की जाँच कैसे की?

(ख) लाल कण नष्ट होते रहने पर भी समाप्त नहीं होते, क्यों?

(ग) बिंबाणु (प्लेटलेट कण) हमारे शरीर के लिए किस तरह उपयोगी हैं?

(घ) रक्त को 'भानुमती का पिटारा' क्यों कहा गया है?

3 दीर्घ उत्तरीय प्रश्न

(क) एनीमिया क्या है? इसके कारण और बचाव के उपाय लिखिए।

(ख) रक्तदान को जीवनदान कहा जाता है, क्यों? अपने शब्दों में लिखिए।

4 निम्नलिखित गद्यांशों को पढ़कर पूछे गए प्रश्नों के उत्तर दीजिए।

(1) लाल कण बनावट में बालूशाही की तरह ही होते हैं। गोल और दोनों तरफ़ अवतल यानी बीच में दबे हुए। रक्त की एक बूँद में इनकी संख्या लाखों में होती है। यदि हम एक मिलीलीटर रक्त लें तो उसमें हमें चालीस से पचपन लाख कण मिलेंगे। इनके कारण ही हमें रक्त लाल रंग का नज़र आता है। ये कण शरीर के लिए दिन-रात काम करते हैं। साँस लेने पर साफ़ हवा से जो ऑक्सीजन तुम प्राप्त करते हो, उसे शरीर के सभी भागों में पहुँचाने का काम इन कणों का ही है। इनका जीवनकाल लगभग चार महीने होता है। चार महीने के होते-होते ये नष्ट हो जाते हैं, लेकिन एक साथ नहीं, धीरे-धीरे।

(क) लाल कण कहाँ पाए जाते हैं? इनकी बनावट कैसी होती है?

(ख) लाल कणों की क्या उपयोगिता है?

(ग) लाल कण कब नष्ट हो जाते हैं?

(घ) लाल कणों का जीवनकाल ____________ होता है।

(i) एक माह ☐ (ii) दो माह ☐
(iii) तीन माह ☐ (iv) चार माह ☐

(ङ) 'एक मिलीलीटर रक्त' में रेखांकित अंश है।

(i) निश्चित संख्यावाचक विशेषण ☐ (ii) निश्चित परिमाणवाचक विशेषण ☐
(iii) अनिश्चित संख्यावाचक विशेषण ☐ (iv) गुणवाचक विशेषण ☐

(2) ''नहीं, अभी तुम छोटे हो। अट्ठारह वर्ष से अधिक उम्र के स्वस्थ व्यक्ति ही रक्तदान कर सकते हैं। एक समय में उनसे लगभग 300 मिलीलीटर रक्त ही लिया जाता है। प्राय: यह समझा जाता है कि रक्तदान करने से कमज़ोरी हो जाएगी, किंतु यह विचार बिलकुल निराधार है। हमारा शरीर इतना रक्त तो कुछ ही दिनों में बना लेता है। वैसे भी शरीर में लगभग पाँच लीटर खून होता है। इसमें से यदि कुछ रक्त किसी ज़रूरतमंद व्यक्ति के लिए जीवन-दान बन जाए, तो इससे बड़ी बात क्या होगी!''

(क) अनिल अभी रक्तदान क्यों नहीं कर सकता है?

(ख) रक्तदान के संबंध में क्या भ्रांति फैली है?

(ग) रक्तदान करना क्यों आवश्यक है?

(घ) 300 मिलीलीटर रक्त बनाने में हमारे शरीर को ______ लगते हैं।

(i) दो साल ☐ (ii) पाँच साल ☐

(iii) दस साल ☐ (iv) कुछ ही दिन ☐

(ङ) 'व्यक्ति' शब्द है ______।

(i) व्यक्तिवाचक संज्ञा ☐ (ii) जातिवाचक संज्ञा ☐

(iii) भाववाचक संज्ञा ☐ (iv) विशेषण ☐

5 रिक्त स्थानों में उचित शब्द भरिए।

(क) दिव्या को हर समय ______ महसूस होती थी। (थकान/भूख)

(ख) रक्त के तरल भाग को ______ कहते हैं। (प्लाज़्मा/बिंबाणु)

(ग) ______ पहुँचाने का काम लाल रक्त कण करते हैं। (ऑक्सीजन/कार्बन डाइ-ऑक्साइड)

(घ) लाल रक्त कणों के निर्माण के लिए प्रोटीन और ______ आवश्यक होते हैं। (वसा/लौह तत्त्व)

(ङ) ______ रक्त कणों को वीर सिपाही कहा जाता है। (लाल/सफ़ेद)

6 कल्पना कीजिए।

(क) अनिल के स्थान पर यदि आप होते तो स्लाइड देखकर आपकी क्या प्रतिक्रिया होती?

(ख) यदि कोई व्यक्ति रक्तदान करता है तो आप उसकी सराहना किस प्रकार करेंगे?

(अध्याय 7)

पापा खो गए

विजय तेंदुलकर

1 अतिलघु उत्तरीय प्रश्न

(क) खंभे के बीमार न होने का क्या कारण है?

(ख) हेडमास्टर बनने की बात कौन सोच रहा था?

(ग) रात के समय कौए की नींद कौन खराब कर रहा था?

(घ) कौए ने अपना आलस्य भगाने के लिए क्या किया?

(ङ) कौआ, खंभे, लैटरबॉक्स, पेड़ में आपको सबसे बुद्धिमान कौन लगा?

2 लघु उत्तरीय प्रश्न

(क) खंभे को बरसात की रातें क्यों अच्छी नहीं लगती हैं?

(ख) लैटरबॉक्स के अनुसार, आजकल के बच्चे क्या नहीं समझते हैं?

(ग) लैटरबॉक्स दूसरे की चिट्ठियों को पढ़ना बुरा नहीं मानता है, क्यों?

3 दीर्घ उत्तरीय प्रश्न

(क) कौआ, पेड़, खंभा और लैटरबॉक्स ने लड़की को दुष्ट आदमी से कैसे बचाया?

(ख) लड़की को घर पहुँचाने के लिए कौए ने पेड़ और खंभे से क्या-क्या करने को कहा?

4 निम्नलिखित गद्यांशों को पढ़िए और पूछे गए प्रश्नों के उत्तर दीजिए।

(1) अपने पत्तों का कोट पहनकर मुझे सरदी, बारिश या धूप में उतनी तकलीफ़ नहीं होती, तो भी तुमसे बहुत पहले का खड़ा हूँ मैं यहाँ। यहीं मेरा जन्म हुआ—इसी जगह। तब सब कुछ कितना अलग था यहाँ। वहाँ के, वे सब ऊँचे-ऊँचे घर नहीं थे तब। यह सड़क भी नहीं थी। वह सिनेमा का बड़ा-सा पोस्टर और उसमें नाचनेवाली औरत भी तब नहीं थी। सिर्फ़ सामने का यह समुद्र था। बहुत अकेलापन महसूस होता था। तुम्हें जब यहाँ लाकर खड़ा किया गया तो सोचा, चलो कोई साथी तो मिला—इतना ही सही।

(क) प्रस्तुत गद्यांश के अध्याय और उसके लेखक का नाम लिखिए।

(ख) किसे सरदी और धूप से तकलीफ़ नहीं होती और क्यों?

(ग) वक्ता के जन्म के समय सब कुछ किस तरह अलग था?

(घ) वक्ता को साथी के रूप में कौन मिला?

(i) भवन ☐ (ii) सड़क ☐ (iii) पोस्टर ☐ (iv) खंभा ☐

(ङ) 'पत्तों का कोट पहनकर' यहाँ रेखांकित अंश क्या है?

(i) तत्सम ☐ (ii) तद्भव ☐ (iii) देशज ☐ (iv) विदेशी ☐

(2) आपका लड़का परीक्षित पढ़ाई में काफ़ी कमज़ोर है। क्लास में उसका ध्यान पढ़ाई में बिलकुल नहीं रहता। इसकी बजाय उसे क्लास से गायब रहकर बंटे खेलना ज़्यादा अच्छा लगता है। आप एक बार खुद आकर मुझसे मिलिए... मिलिए? परीक्षित के पापा हेडमास्टर से मिल भी लेंगे, तो क्या हो जाएगा? स्कूल में बच्चे पढ़ें नहीं, क्लास से गायब रहकर बंटे खेलते रहें, इसका क्या मतलब? फ़ीस के पैसे क्या फोकट में आते हैं?

(क) प्रस्तुत संदर्भ किस विषय में कहा जा रहा है?

(ख) यह पत्र क्यों लिखा गया है?

(ग) "फ़ीस के पैसे क्या फोकट में आते हैं?" पंक्ति का आशय स्पष्ट कीजिए।

(घ) परीक्षित के पिता को किससे मिलने के लिए बुलाया गया है?

(i) परीक्षित से ☐ (ii) क्लास के छात्रों से ☐

(iii) हेडमास्टर से ☐ (iv) अध्यापक से ☐

(ङ) उसका ध्यान पढ़ाई में बिलकुल भी नहीं लगता। यहाँ रेखांकित अंश है।

(i) संज्ञा ☐ (ii) सर्वनाम ☐

(iii) विशेषण ☐ (iv) क्रिया-विशेषण ☐

5 **रिक्त स्थनों की पूर्ति कीजिए।**

(क) आँधी-पानी में _______ पेड़ के ऊपर आ पड़ा। (खंभा/कौआ)

(ख) _______ किसी दोहे का एक चरण गुनगुनाता है। (पेड़/लैटरबॉक्स)

(ग) आदमी के कंधे पर एक _______ है। (लड़की/लकड़ी)

(घ) बच्ची बहुत _______ थी। (प्यारी/सुंदर)

(ङ) सभी वस्तुएँ सरकते-सरकते _______ आदमी के रास्ते में आने लगी। (भले/दुष्ट)

6 **नीचे दिए गए वाक्यों में सही के सामने सही (✓) तथा गलत के सामने गलत (✕) का चिह्न लगाइए।**

(क) खंभे को बरसात की रातें अच्छी लगती थीं। ☐

(ख) पेड़ दूसरों की चिट्ठी पढ़ता था। ☐

(ग) लड़की को लैटरबॉक्स अच्छा लगता है। ☐

(घ) लैटरबॉक्स को सभी लाल ताऊ कहकर पुकारते थे। ☐

(ङ) लड़की को दुष्ट व्यक्ति अपने साथ ले गया। ☐

7 **कल्पना कीजिए।**

(क) यदि कोई चोर किसी बच्चे को उठा कर ले जा रहा हो तो आप उस बच्चे को बचाने के लिए क्या करेंगे?

____

____

(ख) पेड़, कौआ और खंभे के स्थान पर यदि आप होते तो लड़की के घर का पता किस प्रकार लगाते?

____

____

अध्याय 8

शाम-एक किसान

सर्वेश्वरदयाल सक्सेना

1 अतिलघु उत्तरीय प्रश्न

(क) नदी को किस रूप में चित्रित किया गया है?

(ख) जंगल की अँगीठी किसे कहा गया है?

(ग) भेड़ों की तुलना किससे की गई है?

2 लघु उत्तरीय प्रश्न

(क) किसान की चिलम के रूप में किसे चित्रित किया गया है और क्यों?

(ख) प्रस्तुत कविता में कवि ने जाड़े की शाम का चित्रण किस रूप में किया है और क्यों?

(ग) पहाड़ के रूप में बैठे किसान का चित्रण कीजिए।

(घ) शाम होने से रात गहराने के बीच वातावरण में कौन-कौन से परिवर्तन होते हैं?

3 निम्नलिखित काव्यांशों को ध्यानपूर्वक पढ़िए और पूछे गए प्रश्नों के उत्तर दीजिए।

(1) आकाश का साफ़ा बाँधकर
सूरज की चिलम खींचता, बैठा है पहाड़,
घुटनों पर पड़ी है नदी चादर-सी,
पास ही दहक रही है
पलाश के जंगल की अँगीठी
अँधकार दूर पूर्व में, सिमटा बैठा है भेड़ों के गल्ले-सा।

(क) पहाड़ को किस रूप में चित्रित किया गया है?

(ख) काव्यांश में आकाश और सूर्य को किस रूप में चित्रित किया गया है?

(ग) पलाश के खिले फूल कैसे दिखाई दे रहे हैं?

(घ) भेड़ों के गल्ले के समान किसे बताया गया है?

(i) पहाड़ को ☐ (ii) अंधकार को ☐
(iii) आकाश को ☐ (iv) नदी को ☐

(ङ) 'घुटनों पर पड़ी है नदी चादर-सी' में ________ है।

(i) अनुप्रास अलंकार ☐ (ii) रूपक अलंकार ☐
(iii) उपमा अलंकार ☐ (iv) उत्प्रेक्षा अलंकार ☐

(2) अचानक-बोला मोर।
जैसे किसी ने आवाज़ दी—'सुनते हो'।
चिलम औंधी, धुआँ उठा—सूरज डूबा
अँधेरा छा गया।

(क) मोर के बोलने से कैसा लगा?

(ख) किसान की चिलम उलटने से क्या हुआ?

(ग) मोर की आवाज़ आने के बाद वातावरण में क्या-क्या बदलाव हुए?

(घ) 'सुनते हो' प्रस्तुत वाक्यांश में किसे संबोधित किया गया है?

(i) मोर को ☐ (ii) सूरज को ☐
(iii) किसान को ☐ (iv) अंधकार को ☐

(ङ) 'धुआँ' शब्द है।

(i) तत्सम ☐ (ii) तद्भव ☐
(iii) देशज ☐ (iv) विदेशी ☐

4 **नीचे दिए गए वाक्यों में सही के सामने सही (✓) तथा गलत के सामने गलत (X) का चिह्न लगाइए।**

(क) कवि ने जाड़े की शाम का चित्रण पहाड़ के रूप में किया है। ☐

(ख) कवि ने नदी की तुलना किसान के घुटने पर पड़ी चादर से की है। ☐

(ग) आकाश का साफ़ा पहने भेड़ें बैठी थीं। ☐

(घ) कवि ने सूरज की तुलना पूरब में गहराते हुए अँधेरे से की है। ☐

(ङ) कवि ने मोर की आवाज़ की तुलना किसान की पत्नी की पुकार से की है। ☐

5 **आशय स्पष्ट कीजिए।**

(क) सूरज की चिलम खींचता बैठा है पहाड़

(ख) 'पलाश के जंगल की अँगीठी'

(ग) जैसे किसी ने आवाज़ दी—'सुनते हो'

6 **कल्पना कीजिए।**

(क) प्रस्तुत कविता में कवि ने सर्दी (जाड़े) की एक शाम को किसान के रूप में चित्रित किया है। यदि आपको सर्दी (जाड़े) की शाम का चित्रण करने के लिए कहा जाए तो आप किस प्रकार करेंगे?

अध्याय 9

चिड़िया की बच्ची

जैनेंद्र कुमार

1 अतिलघु उत्तरीय प्रश्न

(क) माधवदास ने अपनी कोठी के सामने क्या लगवाया?

(ख) चिड़िया माधवदास के बगीचे से बेहतर किसे समझती है?

(ग) 'भोली गुड़िया' किसे कहा गया है?

(घ) चिड़िया को पकड़ने का प्रयास किसने किया?

(ङ) चिड़िया ने अपनी माँ के पास पहुँचकर क्या किया?

2 लघु उत्तरीय प्रश्न

(क) माधवदास अपनी संध्या कैसे गुज़ारते थे?

(ख) चिड़िया सेठ माधवदास से किस गलती के लिए क्षमा माँग रही है?

(ग) माधवदास चिड़िया को रोक पाने में असमर्थ क्यों रहे?

(घ) चिड़िया अपनी माँ के पास क्यों जाना चाहती थी?

3 दीर्घ उत्तरीय प्रश्न

(क) चिड़िया हर स्थिति में अपनी माँ के पास जाना चाहती थी। इससे आपको क्या प्रेरणा मिलती है?

(ख) चिड़िया अपने घोंसले को सबसे बेहतर मानती है। आप अपनी मातृभूमि से कितना लगाव रखते हैं? स्पष्ट कीजिए।

4 निम्नलिखित गद्यांशों को ध्यानपूर्वक पढ़कर पूछे गए प्रश्नों के उत्तर दीजिए।

(1) उस दिन संध्या समय उनके देखते-देखते सामने की गुलाब की डाली पर एक चिड़िया आन बैठी। चिड़िया बहुत सुंदर थी। उसकी गरदन लाल थी और गुलाबी होते-होते किनारों पर ज़रा-ज़रा नीली पड़ गई थी। पंख ऊपर से चमकदार स्याह थे। उसका नन्हा-सा सिर तो बहुत प्यारा लगता था और शरीर पर चित्र-विचित्र चित्रकारी थी। चिड़िया को मानो माधवदास की सत्ता का कुछ पता नहीं था और मानो तनिक देर का आराम भी उसे नहीं चाहिए था। कभी पर हिलाती थी, कभी फुदकती थी। वह खूब खुश मालूम होती थी। अपनी नन्हीं-सी चोंच से प्यारी-प्यारी आवाज़ निकाल रही थी।

(क) प्रस्तुत गद्यांश के अध्याय और उसके लेखक का नाम लिखिए।

(ख) चिड़िया कब और कहाँ आई?

(ग) चिड़िया की सुंदरता को अपने शब्दों में बताइए।

(घ) ''चिड़िया को मानो माधवदास की सत्ता का कुछ पता न था'' प्रस्तुत वाक्य के आधार पर बताइए कि चिड़िया की मनोदशा कैसी थी?

(i) चिंतित ☐ (ii) बेफ़िक्र ☐
(iii) दु:खी ☐ (iv) दुविधाग्रस्त ☐

(ङ) 'चिड़िया <u>बहुत</u> सुंदर थी।' यहाँ रेखांकित अंश है

(i) विशेषण ☐ (ii) विशेष्य ☐
(iii) प्रविशेषण ☐ (iv) सर्वनाम ☐

(2) माधवदास को वह चिड़िया बड़ी मनमानी लगी। उसकी स्वच्छंदता बड़ी प्यारी जान पड़ती थी। कुछ देर तक वह उस चिड़िया का इस डाल से उस डाल थिरकना देखते रहे। इस समय वह अपना बहुत-कुछ भूल गए। उन्होंने उस चिड़िया से कहा, ''आओ, तुम बड़ी अच्छी आईं। यह बगीचा तुम लोगों के बिना सूना लगता है। सुनो चिड़िया तुम खुशी से यह समझो कि यह बगीचा मैंने तुम्हारे लिए ही बनवाया है। तुम बेखटके यहाँ आया करो।''

(क) प्रस्तुत गद्यांश के आधार पर चिड़िया के स्वभाव की दो विशेषताएँ लिखिए।

(ख) चिड़िया को देखकर माधवदास पर क्या प्रभाव पड़ा?

(ग) माधवदास ने चिड़िया को क्या प्रलोभन दिया?

(घ) माधवदास के शब्दों में छिपी है उसकी ______।

(i) स्वार्थ की भावना ☐ (ii) उपकार की भावना ☐
(iii) त्याग की भावना ☐ (iv) उदारता की भावना ☐

(ङ) 'तुम बेखटके यहाँ आया करो।' प्रस्तुत वाक्य में प्रयुक्त क्रिया-विशेषण है।

(i) तुम ☐ (ii) बेखटके ☐
(iii) यहाँ ☐ (iv) 'ii' और 'iii' दोनों ☐

(3) सेठ, ''ठहर-ठहर, इस अपने पास के फूल को तूने देखा? यह एक है। ऐसे अनगिनती फूल हैं। ऐसे अनगिनती फूल मेरे बगीचों में हैं। वे भाँति-भाँति के रंग के हैं। तरह-तरह की उनकी खुशबू है। चिड़िया, तैंने मेरा चित्त प्रसन्न किया है और वे सब फूल तेरे लिए खिला करेंगे। वहाँ घोंसले में तेरी माँ है, पर माँ क्या है? इस बहार के सामने तेरी माँ क्या है? वहाँ तेरे घोंसले में कुछ भी तो नहीं है। तू अपने को नहीं देखती? कैसी सुंदर तेरी गरदन। कैसी रंगीन देह! तू अपने मूल्य को क्यों नहीं देखती? मैं तुझे सोने से मढ़कर तेरे मूल्य को चमका दूँगा। तैंने मेरे चित्त को प्रसन्न किया है। तू मत जा, यहीं रह।''

(क) उपर्युक्त पंक्तियाँ कौन, किससे कह रहा है?

(ख) वक्ता बगीचे की सुंदरता का बार-बार उल्लेख कर, क्या कहना चाहता है?

(ग) वक्ता के स्वभाव की दो विशेषताएँ लिखिए।

(घ) बगीचे की बहार को किससे बेहतर बताया जा रहा है?

(i) घोंसले से ☐ (ii) माँ से ☐
(iii) सोने से ☐ (iv) फूलों से ☐

(ङ) तैंने, मेरे, तू आदि शब्द हैं

(i) संज्ञा ☐ (ii) सर्वनाम ☐
(iii) विशेषण ☐ (iv) क्रिया-विशेषण ☐

5 नीचे दिए गए वाक्यों में सही के सामने सही (✓) तथा गलत के सामने गलत (X) का चिह्न लगाइए।

(क) बगीचा माधवदास का था। ☐

(ख) चिड़िया की बच्ची थककर बगीचे में बैठी थी। ☐

(ग) चिड़िया बहुत सुंदर थी। ☐

(घ) माधवदास ने चिड़िया की बच्ची को भोली चिड़िया कहकर संबोधित नहीं किया। ☐

(ङ) चिड़िया माधवदास की बातों से बहुत डर गई थी ☐

(च) चिड़िया के पास सोने का पिंजरा था। ☐

(छ) चिड़िया की बच्ची अपनी माँ के साथ नहीं रहती थी। ☐

(ज) चिड़िया की बच्ची माधवदास के बगीचे में ही रहती थी। ☐

(झ) चिड़िया के दो भाई, एक बहिन थी। ☐

6 कल्पना कीजिए।

(क) यदि सेठ माधवदास के स्थान पर आप होते तो चिड़िया की बच्ची को बगीचे में रखने के लिए क्या-क्या प्रलोभन देते?

____

____

(ख) चिड़िया की बच्ची की भाँति यदि आपको अपना घर छोड़कर अन्य किसी स्थान में रहने के लिए बाध्य किया जाए तो आप क्या करेंगे?

____

____

[अध्याय 10]

अपूर्व अनुभव

तेत्सुको कुरियानागी
(अनुवाद-पूर्वा याज्ञिक कुशवाहा)

1 अतिलघु उत्तरीय प्रश्न

(क) तोत्तो-चान ने यासुकी-चान को किस बात के लिए न्योता दिया?

(ख) तोमोए में पेड़ और बच्चे से जुड़ी परंपरा क्या है?

(ग) तोत्तो-चान का पेड़ कहाँ था?

2 लघु उत्तरीय प्रश्न

(क) यासुकी-चान पेड़ पर क्यों नहीं चढ़ पा रहा था?

(ख) यासुकी-चान से मिलकर तोत्तो-चान उत्तेजित क्यों थी?

(ग) तोत्तो-चान जिस काम को आसान समझ रही थी, वह कठिन क्यों नज़र आने लगा?

3 दीर्घ उत्तरीय प्रश्न

(क) ''निरंतर परिश्रम से ही सफलता मिलती है।'' 'अपूर्व अनुभव' अध्याय के आधार पर स्पष्ट कीजिए।

(ख) यासुकी-चान को द्विशाखा तक चढ़ाने के लिए तोत्तो-चान ने क्या प्रयास किए? अपने शब्दों में लिखिए।

(ग) सीढ़ी की सहायता से पेड़ पर चढ़ने का प्रयास विफल होता देख तोत्तो-चान ने किस तरह अपने कार्य को जारी रखा?

(घ) यासुकी-चान ने तोत्तो-चान को टेलीविजन के बारे में क्या बताया? तोत्तो-चान ये सब सुनकर क्या सोचने लगी?

4 निम्नलिखित गद्यांशों को पढ़िए और पूछे गए प्रश्नों के उत्तर दीजिए।

(1) ''तोत्तो-चान यासुकी-चान को अपने पेड़ की ओर ले गई और उसके बाद वह तुरंत चौकीदार के छप्पर की ओर भागी, जैसा उसने रात को ही तय कर लिया था। वहाँ से वह एक सीढ़ी घसीटती हुई लाई। उसे तने के सहारे ऐसे लगाया, जिससे वह द्विशाखा तक पहुँच जाए। वह कुर्सी से ऊपर चढ़ी और सीढ़ी के किनारे को पकड़ लिया। तब उसने पुकारा, ठीक है, अब ऊपर चढ़ने की कोशिश करो।''

(क) प्रस्तुत गद्यांश के अध्याय और उसके लेखक का नाम लिखिए।

(ख) तोत्तो-चान ने क्या योजना बनाई थी?

(ग) तोत्तो-चान यासुकी-चान को किस तरह प्रोत्साहित कर रही थी?

(घ) द्विशाखा का अर्थ है

(i) पेड़ की दो भिन्न-भिन्न शाखाएँ ☐ (ii) अलग-अलग पेड़ों की शाखाएँ ☐

(iii) जहाँ पेड़ से दो शाखाएँ निकलती हों ☐ (iv) दो टूटी शाखाएँ ☐

(ङ) 'अब ऊपर चढ़ने की कोशिश करो'—प्रस्तुत वाक्य का भेद है

(i) विधानवाचक ☐ (ii) आज्ञावाचक ☐ (iii) इच्छावाचक ☐ (iv) संकेतवाचक ☐

(2) उन दोनों को यह बिलकुल भी पता न चला कि कितना समय यासुकी-चान को ऊपर तक चढ़ने में लगा। सूरज का ताप उन पर पड़ रहा था, पर दोनों का ध्यान यासुकी-चान के ऊपर तक पहुँचने में रमा था। तोत्तो-चान नीचे से उसका एक-एक पैर सीढ़ी पर धरने में मदद कर रही थी। अपने सिर से वह उसके पिछले हिस्से को भी स्थिर करती रही। यासुकी-चान पूरी शक्ति के साथ जूझ रहा था और आखिर वह ऊपर पहुँच गया।

(क) यासुकी-चान और तोत्तो-चान कौन-सा कार्य करने में तल्लीन थे?

(ख) तोत्तो-चान किस प्रकार यासुकी-चान की मदद कर रही थी?

(ग) दोनों की निरंतर मेहनत का क्या परिणाम निकला?

(घ) किस विकल्प से ज्ञात होता है कि दोनों ने विपरीत परिस्थितियों की परवाह नहीं की?

(i) उस समय वर्षा हो रही थी ☐ (ii) उस समय कड़ी सर्दी पड़ रही थी ☐
(iii) सूरज की धूप उन पर पड़ रही थी ☐ (iv) ओस पड़ रही थी ☐

(ङ) 'बिलकुल' शब्द है

(i) संज्ञा ☐ (ii) सर्वनाम ☐ (iii) क्रिया ☐ (iv) क्रिया-विशेषण ☐

5 नीचे दिए गए वाक्यों में सही के सामने सही (✓) तथा गलत के सामने गलत (✕) का चिह्न लगाइए।

(क) बच्चे अपने-अपने पेड़ को निजी संपत्ति मानते थे। ☐
(ख) तोत्तो-चान को पोलियो था। ☐
(ग) यासुकी-चान के हाथ-पैर कमज़ोर थे। ☐
(घ) यासुकी-चान पेड़ की द्विशाखा पर नहीं पहुँच सका। ☐
(ङ) तोत्तो-चान ने पहले-पहल यासुकी-चान को टेलीविजन के बारे में बताया। ☐

6 कल्पना कीजिए।

(क) मान लीजिए आप तोत्तो-चान हैं और आपका कोई दोस्त पोलियो से ग्रसित होने के कारण पेड़ पर चढ़ने में असमर्थ है, तो ऐसे में आप उसकी सहायता किस प्रकार करेंगे?

अध्याय 11

रहीम के दोहे

1 अतिलघु उत्तरीय प्रश्न

(क) विपत्ति आने पर कौन साथ नहीं छोड़ता?

(ख) मछली अपने प्राणों का त्याग क्यों कर देती है?

(ग) तालाब अपना पानी न पीकर हमें क्या प्रेरणा देता है?

(घ) क्वार के बादलों की क्या विशेषता है?

(ङ) क्वार के बादलों से किनकी तुलना की गई है?

2 लघु उत्तरीय प्रश्न

(क) क्वार के बादल और निर्धन हो चुके लोगों में क्या समानता होती है?

(ख) सज्जन पुरुषों को अपनी संपत्ति कहाँ लगानी चाहिए और क्यों?

(ग) धरती हमें क्या सीख देती है? धरती की क्या रीत है?

3 निम्नलिखित काव्यांशों को पढ़कर पूछे गए प्रश्नों के उत्तर दीजिए।

(1) कहि रहीम संपति सगे, बनत बहुत बहु रीत।
बिपति कसौटी जे कसे, तेई साँचे मीत।।

जाल परे जल जात बहि, तजि मीनन को मोह।
रहिमन मछरी नीर को, तऊ न छाँड़ति छोह।।

(क) सच्चे मित्र की क्या विशेषता होती है?

(ख) प्रस्तुत दोहे में लोगों की किस प्रवृत्ति का वर्णन किया गया है?

(ग) जाल में पड़कर मछलियाँ अपने प्राण क्यों त्याग देती हैं?

(घ) पानी मछलियों को छोड़कर बह जाता है, क्योंकि

(i) जाल से उसकी मित्रता नहीं है ☐ (ii) वह तालाब में ही रहना चाहता है ☐
(iii) वह मछलियों से सच्चा प्रेम नहीं करता ☐ (iv) इनमें से कोई नहीं ☐

(ङ) "जाल परे जल जात बहि" पंक्ति में अलंकार है

(i) अनुप्रास ☐ (ii) यमक ☐
(iii) श्लेष ☐ (iv) रूपक ☐

4 आशय स्पष्ट कीजिए।

(क) 'बिपति कसौटी जे कसे, तेई साँचे मीत'

(ख) 'तरुवर फल नहिं खात है, सरवर पियत न पान'

(ग) 'धरती की-सी रीत है, सीत धाम औ मेह'

5 कल्पना कीजिए।

(क) यदि आपका मित्र कभी विपत्ति में फँस जाए तो आप उसकी सहायता किस प्रकार करेंगे?

(ख) यदि आपके पास अपार धन-संपत्ति हो तो आप उसका सदुपयोग किस प्रकार करेंगे?

अध्याय 12

कंचा

टी. पद्मनाभन

1 अतिलघु उत्तरीय प्रश्न

(क) अप्पू किस कहानी का आनंद ले रहा था?

(ख) मास्टर साहब किस पृष्ठ पर कौन-सा अध्याय पढ़ा रहे थे?

(ग) कंचों में खोए अप्पू का ध्यान भंग करने के लिए मास्टरजी ने क्या किया?

(घ) अप्पू ने कितने पैसों के कंचे खरीदे?

2 लघु उत्तरीय प्रश्न

(क) अप्पू को कक्षा में सबसे पीछे क्यों बैठना पड़ा? स्पष्ट कीजिए।

(ख) बच्चों को हँसी उड़ाता देख अप्पू क्या सोच रहा था?

(ग) सड़क पर कंचों में लकीरें देखना अप्पू को किस तरह महँगा पड़ा?

3 दीर्घ उत्तरीय प्रश्न

(क) अप्पू द्वारा कंचे खरीदने का संक्षिप्त वर्णन कीजिए।

(ख) अप्पू ने ड्राइवर का गुस्सा कैसे गायब कर दिया?

4 निम्नलिखित गद्यांशों को ध्यानपूर्वक पढ़िए और पूछे गए प्रश्नों के उत्तर दीजिए।

(1) वह चलते-चलते दुकान के सामने पहुँचा। वहाँ अलमारी में काँच के बड़े-बड़े जार कतार में रखे थे। उनमें चॉकलेट, पिपरमेंट और बिस्कुट थे। उसकी नज़र उनमें से किसी पर नहीं पड़ी। क्यों देखे? उसके पिताजी उसे ये चीज़ें बराबर ला देते हैं। फिर भी एक नए जार ने उसका ध्यान आकृष्ट किया। वह कंधे से लटकते बस्ते का फीता एक तरफ़ हटाकर, उस जार के सामने खड़ा टुकर-टुकर ताकता रहा। नया-नया लाकर रखा गया है। उससे पहले उसने वह चीज़ यहाँ नहीं देखी है।

(क) प्रस्तुत गद्यांश के अध्याय और उसके लेखक का नाम लिखिए।

(ख) दुकान में रखे जारों में क्या-क्या रखा हुआ था?

(ग) नए जार को अप्पू अत्यंत ध्यान से क्यों देख रहा था?

(घ) जार कहाँ रखे हुए थे?

(i) ज़मीन पर ☐ (ii) अलमारी में ☐

(iii) दुकान की बगल में ☐ (iv) इनमें से कोई नहीं ☐

(ङ) 'वह चलते-चलते दुकान <u>के सामने</u> पहुँचा।' प्रस्तुत वाक्य में रेखांकित अंश है

(i) क्रिया-विशेषण ☐ (ii) संबंधबोधक ☐

(iii) समुच्चयबोधक ☐ (iv) निपात ☐

(2) ड्राइवर को इतना गुस्सा आया कि उस लड़के को कच्चा खा जाने की इच्छा हुई। उसने बाहर झाँककर देखा, वह लड़का क्या कर रहा है? हॉर्न की आवाज़ सुन कंचे चुनते अप्पू ने बीच में सिर उठाकर देखा कि सामने एक मोटर है और उसका ड्राइवर। उसने सोचा क्या कंचे उसे भी अच्छे लग रहे हैं? शायद वह भी मज़ा ले रहा है।

(क) ड्राइवर को गुस्सा क्यों आया?

(ख) अप्पू सड़क पर क्या कर रहा था?

(ग) अप्पू ने ड्राइवर को देखकर क्या अनुमान लगाया?

(घ) अप्पू का ध्यानभंग कैसे हुआ?

(i) ड्राइवर के पुकारने से ☐ (ii) काम पूरा हो जाने से ☐

(iii) हॉर्न की आवाज़ से ☐ (iv) इनमें से कोई नहीं ☐

(ङ) 'शायद वह <u>भी</u> मज़ा ले रहा है।' प्रस्तुत वाक्य में रेखांकित अंश है।

(i) सर्वनाम ☐ (ii) क्रिया-विशेषण ☐

(iii) विस्मयवाचक ☐ (iv) निपात ☐

5 **रिक्त स्थानों की पूर्ति कीजिए।**

बड़े, बॉयलर, अप्पू, चिड़चिड़ाहट, छोटे, नोटिस, जार।

(क) एक नए जार ने ______________ का ध्यान आकृष्ट किया।

(ख) दुकानदार के चेहरे पर कुछ ______________ थी।

(ग) पानी रखने के लिए खास जगह को अंग्रेज़ी में ______________ कहते हैं।

(घ) चपरासी एक ______________ लाया।

(ङ) लड़के गीली मिट्टी में ______________ गड्ढे खोदकर कंचे खेल रहे थे।

6 **नीचे दिए गए वाक्यों में सही के सामने सही (✓) तथा गलत के सामने गलत (×) का चिह्न लगाइए।**

(क) अप्पू की छोटी बहन हमेशा के लिए चली गई थी। ☐

(ख) देर से पहुँचने वाले लड़के आगे बैठते थे। ☐

(ग) रामन को बुखार था। ☐

(घ) अप्पू कक्षा की तरफ़ ध्यान नहीं देता था। ☐

(ङ) अप्पू के बस्ते में कंचे-ही-कंचे थे। ☐

7 **कल्पना कीजिए।**

(क) मान लीजिए आप कभी बाज़ार जाते हैं और वहाँ तरह-तरह की चीज़ें आपको अपनी ओर आकर्षित करती हैं, उस समय आप क्या करेंगे?

____

____

(ख) यदि कभी आपके साथ ऐसा हो कि अध्यापक द्वारा पढ़ाए गए पाठ पर आपका ध्यान न हो और अध्यापक आपसे ही कुछ प्रश्न पूछता है, ऐसी स्थिति में आप क्या करेंगे?

____

____

(अध्याय 13)

एक तिनका

अयोध्या सिंह उपाध्याय 'हरिऔध'

1 अतिलघु उत्तरीय प्रश्न

(क) प्रस्तुत कविता के अंतर्गत घमंड में कौन था?

(ख) कवि की आँख में क्या गिरा था?

(ग) कवि की झिझक व बेचैनी का क्या कारण था?

2 लघु उत्तरीय प्रश्न

(क) कवि की आँख में दर्द क्यों होने लगा? उसे दर्द से छुटकारा कैसे मिला?

(ख) प्रस्तुत कविता में दबे पाँव कौन एवं क्यों भागी?

(ग) कवि को किसने ताने दिए और क्यों?

3 निम्नलिखित काव्यांशों को ध्यानपूर्वक पढ़कर पूछे गए प्रश्नों के उत्तर दीजिए।

(1) मैं घमंडों में भरा ऐंठा हुआ,
एक दिन जब था मुंडेरे पर खड़ा।
आ अचानक दूर से उड़ता हुआ,
एक तिनका आँख में मेरी पड़ा।

(क) प्रस्तुत पद्यांश के कवि और कविता का नाम लिखिए।

(ख) कवि कहाँ और किस भाव से खड़ा था?

(ग) प्रस्तुत पंक्तियों के माध्यम से कवि क्या संदेश देना चाहता है?

(घ) कवि को सँभलने का अवसर क्यों नहीं मिला?
(i) घमंड के कारण ☐ (ii) सब कुछ अचानक होने के कारण ☐
(iii) झिझक के कारण ☐ (iv) इनमें से कोई नहीं ☐

(ङ) तिनका शब्द का तत्सम रूप होगा
(i) तिन ☐ (ii) तिनके ☐ (iii) तृण ☐ (iv) तृणके ☐

(2) जब किसी ढब से निकल तिनका गया,
तब 'समझ' ने यों मुझे ताने दिए।
ऐंठता तू किसलिए इतना रहा,
एक तिनका है बहुत तेरे लिए।

(क) मनुष्य का झूठा घमंड तोड़ने के लिए किसे पर्याप्त माना है?

(ख) इस घटना से कवि को क्या सीख मिली?

(ग) कवि की अक्ल ने कवि की अकड़ के लिए उसे ____________।
(i) समझाया ☐ (ii) त्याज्य बताया ☐
(iii) व्यंग्य किया ☐ (iv) सबक सिखाया ☐

(घ) 'ऐंठ' के लिए प्रयुक्त विशेषण है
(i) लाल ☐ (ii) बेचारी ☐ (iii) बेचैन ☐ (iv) ये सभी ☐

4 नीचे दिए गए वाक्यों में सही के सामने सही (✓) और गलत के सामने गलत (×) का चिह्न लगाइए।

(क) कवि ने मनुष्य को अहं करने के लिए कहा है। ☐
(ख) कवि अपनी छत पर खड़ा था। ☐
(ग) कवि की आँख में तिनका गिरा। ☐
(घ) कवि तिनके के कारण बेचैन हो रहा था। ☐
(ङ) कवि के अनुसार मनुष्य का घमंड तिनके के माध्यम से तोड़ा जा सकता है। ☐

5 **आशय स्पष्ट कीजिए।**

(क) 'मै घमंडों में भरा ऐंठा हुआ'

(ख) 'मूँठ देने लोग कपड़े की लगे'

(ग) 'एक तिनका है बहुत तेरे लिए'

6 **कल्पना कीजिए।**

(क) मान लीजिए आप अपने मित्र के साथ पार्क में टहल रहे हैं और टहलते समय आपके मित्र की आँख में तिनका गिर जाए तो आप क्या करेंगे?

[अध्याय 14]

खानपान की बदलती तसवीर

प्रयाग शुक्ल

1 अतिलघु उत्तरीय प्रश्न

(क) उत्तर भारत की 'ढाबा' संस्कृति की स्थिति अब क्या है?

(ख) 'फ़ास्ट फ़ूड' के नाम से जानी जाने वाली कुछ खाद्य वस्तुओं के नाम बताइए।

(ग) वर्तमान समय में खाद्य वस्तुओं की गुणवत्ता में क्या फ़र्क आया है?

(घ) 'एथनिक' कहकर किन्हें पुकारा जाता है?

2 लघु उत्तरीय प्रश्न

(क) खानपान की बदलती संस्कृति का हमारे खानपान पर क्या असर हुआ है?

(ख) स्थानीय व्यंजनों की उपलब्धता में कमी आने के कारणों का उल्लेख कीजिए।

(ग) नई पीढ़ी को विभिन्न खाद्य पदार्थों का ज्ञान अधिक है, क्यों? स्पष्ट कीजिए।

3 दीर्घ उत्तरीय प्रश्न

(क) 'खानपान की बदलती संस्कृति' राष्ट्रीय एकता बढ़ाने में किस तरह सहायक है? अपने शब्दों में लिखिए।

(ख) खानपान की संस्कृति को समय-समय पर जाँचते रहना क्यों आवश्यक है? विस्तार से बताइए।

4 निम्नलिखित गद्यांशों को पढ़कर पूछे गए प्रश्नों के उत्तर दीजिए।

(1) पिछले दस-पंद्रह वर्षों में हमारी खानपान की संस्कृति में एक बड़ा बदलाव आया है। इडली-डोसा-बड़ा साँभर-रसम अब केवल दक्षिण भारत तक सीमित नहीं हैं। ये उत्तर भारत के भी हर शहर में उपलब्ध हैं और अब तो उत्तर भारत की 'ढाबा' संस्कृति लगभग पूरे देश में फैल चुकी है। अब आप कहीं भी हों, उत्तर भारतीय रोटी-दाल-साग आपको मिल ही जाएँगे। 'फ़ास्ट फ़ूड' (तुरंत भोजन) का चलन भी बड़े शहरों में खूब बढ़ा है। इस 'फ़ास्ट फ़ूड' में बर्गर, नूडल्स जैसी कई चीज़ें शामिल हैं। एक ज़माने में कुछ ही लोगों तक सीमित 'चाइनीज़ नूडल्स' अब संभवत: किसी के लिए अजनबी नहीं रहे।

(क) उपर्युक्त गद्यांश के अध्याय और उसके लेखक का नाम लिखिए।

(ख) खानपान की बदलती संस्कृति से क्या लाभ हुआ है?

(ग) 'चाइनीज़ नूडल्स' किसी के लिए अब अजनबी क्यों नहीं रहे?

(घ) एक समय में चाइनीज़ नूडल्स की क्या स्थिति थी?

(i) सभी खाया करते थे ☐ (ii) कोई जानता तक नहीं था ☐

(iii) कुछ ही लोग जानते थे ☐ (iv) चीन के लोग भी पसंद नहीं करते थे ☐

(ङ) 'अब संभवत: <u>किसी के लिए</u> अजनबी नहीं रहे।' के रेखांकित अंश में कारक है।

(i) करण कारक ☐ (ii) संप्रदान कारक ☐

(iii) संबंध कारक ☐ (iv) अपादान कारक ☐

(2) जानकार ये भी बताते हैं कि मथुरा के पेड़ों और आगरा के पेठे-नमकीन में अब वह बात कहाँ रही! यानी जो चीज़ें बची भी हुई हैं, उनकी गुणवत्ता में फ़र्क पड़ा है। फिर मौसम और ऋतुओं के अनुसार फलों-खाद्यान्नों से जो व्यंजन और पकवान बना करते थे, उन्हें बनाने की फुरसत भी अब कितने लोगों को रह गई है। अब गृहिणियों या कामकाजी महिलाओं के लिए खरबूज़े के बीज सुखाना-छीलना और फिर उनसे व्यंजन तैयार करना सचमुच दु:साध्य है।

(क) 'अब वह बात कहाँ रही!' पंक्ति के माध्यम से लेखक क्या कहना चाहता है?

(ख) समय की कमी का पकवानों पर क्या असर हुआ है?

(ग) प्रस्तुत गद्यांश में किस काम को किनके लिए कठिन बताया गया है?

(घ) खानपान की बदलती संस्कृति से स्थानीय व्यंजनों के स्वाद में ______ आई है।

(i) बढ़ोतरी ☐ (ii) कमी ☐

(iii) कोई फ़र्क नहीं ☐ (iv) बहुत बढ़ोतरी ☐

(ङ) खाद्यान्न का संधि-विच्छेद होगा

(i) खाद्य + अन्न ☐ (ii) खाद + अन्न ☐

(iii) खाद्य + अनाज ☐ (iv) खाद् + यान्न ☐

5 **नीचे दिए गए वाक्यों में सही के सामने सही (✓) तथा गलत के सामने गलत (✗) का चिह्न लगाइए।**

(क) इडली-डोसा-बड़ा-साँभर-रसम अब केवल दक्षिण भारत तक ही सीमित है। ☐

(ख) खानपान की बदलती संस्कृति ने युवा पीढ़ी को अत्यधिक प्रभावित किया है। ☐

(ग) महँगाई ने खानपान को प्रभावित किया है। ☐

(घ) खानपान के द्वारा हम एक-दूसरे को जानते हैं। ☐

(ङ) मौसमी सब्ज़ियों से भरे हुए समोसे पर्याप्त मात्रा में मिलते हैं। ☐

6 **कल्पना कीजिए**

(क) यदि आपको खान-पान के माध्यम से किसी देश प्रदेश की संस्कृति को उजागर करने के लिए कहा जाए तो आप क्या करेंगे?

अध्याय 15

नीलकंठ

महादेवी वर्मा

1 अतिलघु उत्तरीय प्रश्न

(क) मोर के बच्चे लाने वाला चिड़ीमार कहाँ रहता था?

(ख) मोर के शरीर के किस अंग से दवाएँ बनती हैं?

(ग) बड़े मियाँ के पास दोनों पक्षी-शावक कैसे आए थे?

(घ) राधा कौन थी?

(ङ) दूसरी मोरनी का स्वभाव कैसा था?

2 लघु उत्तरीय प्रश्न

(क) बड़े मियाँ के पास पहले जो खरीददार आए थे, उन्हें पक्षी-शावकों को क्यों नहीं दिया?

(ख) पक्षी-शावकों को अपनी बिल्ली से बचाने के लिए लेखिका ने क्या किया?

(ग) राधा नीलकंठ से किस तरह भिन्न थी?

(घ) नीलकंठ ने खरगोश के छोटे बच्चे को साँप से किस प्रकार बचाया?

3 दीर्घ उत्तरीय प्रश्न

(क) कई विदेशी महिलाओं ने नीलकंठ को कौन-सी उपाधि दी और क्यों?

(ख) नीलकंठ की प्रसन्नता का अंत किस प्रकार हो गया?

4 निम्नलिखित गद्यांशों को पढ़कर पूछे गए प्रश्नों के उत्तर दीजिए।

(1) बड़े मियाँ के भाषण की तूफ़ानमेल के लिए कोई निश्चित स्टेशन नहीं है। सुननेवाला थककर जहाँ रोक दे वहीं स्टेशन मान लिया जाता है। इस तथ्य से परिचित होने के कारण ही मैंने बीच में उन्हें रोककर पूछा, ''मोर के बच्चे हैं कहाँ?'' बड़े मियाँ के हाथ के संकेत का अनुसरण करते हुए मेरी दृष्टि एक तार के छोटे-से पिंजड़े तक पहुँची, जिसमें तीतरों के समान दो बच्चे बैठे थे। पिंजड़ा इतना संकीर्ण था कि वे पक्षी-शावक जाली के गोल फ्रेम में किसी जड़े चित्र जैसे लग रहे थे।

(क) प्रस्तुत गद्यांश के अध्याय और उसके लेखक का नाम लिखिए।

(ख) लेखिका बड़े मियाँ के किस तथ्य से परिचित थीं?

(ग) लेखिका ने पक्षी-शावकों को कहाँ देखा?

(घ) पक्षी-शावक गोल फ्रेम में जड़े चित्र जैसे लग रहे थे। इसका कारण था

(i) उनकी सुंदरता ☐ (ii) उनका लघु आकार ☐

(iii) पिंजड़े की संकीर्णता ☐ (iv) पिंजड़े का बड़ा आकार ☐

(ङ) पक्षी-शावक लग रहे थे, बैठे ________ के समान।

(i) कबूतरों ☐ (ii) मोरों के समान ☐

(iii) कौओं के समान ☐ (iv) तीतरों के समान ☐

(2) ''ईमान कसम, गुरुजी चिड़ीमार ने मुझसे इस मोर के जोड़े के नकद तीस रुपये लिए हैं। मैने बारह रुपये कहा, भई ज़रा सोच तो, अभी इनमें मोर की कोई खासियत भी है कि तू इतनी बड़ी कीमत ही माँगने चला! पर वह मूँजी क्यों सुनने लगा। आपका खयाल करके अछता-पछताकर देना ही पड़ा। अब आप जो मुनासिब समझें।'' अस्तु, तीस चिड़ीमार के नाम के और पाँच बड़े मियाँ के ईमान के देकर जब मैंने वह छोटा पिंजड़ा कार में रखा तब मानो वह जाली के चौखटे का चित्र जीवित हो गया। दोनों पक्षी-शावकों के छटपटाने से लगता था मानो पिंजड़ा ही सजीव और उड़ने योग्य हो गया है।

(क) मूँजी किसे कहा गया है और क्यों?

(ख) 'अब आप जो मुनासिब समझें' प्रस्तुत वाक्य में किसके लिए ऐसी बात कही जा रही है?

(ग) "मानो पिंजड़ा ही सजीव और उड़ने योग्य हो गया है"—पंक्ति का आशय स्पष्ट कीजिए।

(घ) लेखिका ने मयूर-शावकों को कितने रुपये में खरीदा?

(i) बीस रुपये ☐ (ii) तीस रुपये ☐

(iii) पैंतीस रुपये ☐ (iv) चालीस रुपये ☐

(ङ) <u>वह</u> मूँजी क्यों सुनने लगा? यहाँ रेखांकित अंश है

(i) संज्ञा ☐ (ii) सर्वनाम ☐

(iii) विशेषण ☐ (iv) क्रिया ☐

(3) एक दिन मुझे किसी कार्य से नखासकोने से निकलना पड़ा और बड़े मियाँ ने पहले के समान कार को रोक लिया। इस बार किसी पिंजड़े की ओर नहीं देखूँगी, यह संकल्प करके मैंने बड़े मियाँ की विरल दाढ़ी और सफ़ेद डोरे से कान में बँधी ऐनक को ही अपने ध्यान का केंद्र बनाया। पर बड़े मियाँ के पैरों के पास जो मोरनी पड़ी थी उसे अनदेखा करना कठिन था। मोरनी राधा के समान ही थी। उसके मूँज से बँधे दोनों पंजों की उँगलियाँ टूटकर इस प्रकार एकत्रित हो गई थीं कि वह खड़ी ही नहीं हो सकती थी।

(क) नखासकोने से किसे निकलना पड़ा?

(ख) लेखिका द्वारा लिया गया संकल्प क्या है?

(ग) प्रस्तुत गद्यांश के आधार पर मोरनी की स्थिति का वर्णन कीजिए।

(घ) बड़े मियाँ के पैरों के पास मोरनी क्यों पड़ी थी?

(i) सो रही थी ☐ (ii) चल नहीं सकती थी ☐

(iii) दोनों पंजों की उँगलियाँ टूटकर एकत्रित हो गई ☐ (iv) इनमें से कोई नहीं ☐

(ङ) 'मोरनी राधा के समान ही थी' प्रस्तुत वाक्य है

(i) मिश्र वाक्य ☐ (ii) संयुक्त वाक्य ☐

(iii) सरल वाक्य ☐ (iv) इनमें से कोई नहीं ☐

5 रिक्त स्थानों की पूर्ति कीजिए।

दुकेली, पंजों, साँप, सेनापति, निवास, संरक्षक, चूहेदानी, संकीर्ण, वर्षा

(क) पिंजड़ा इतना ______ था।

(ख) वे दोनों ______ जैसे पिंजड़े से निकलकर कमरे में मानो खो गए।

(ग) जीव-जंतुओं का सामान्य ______ है।

(घ) नीलकंठ ने स्वयं को चिड़ियाघर का ________ और ________ नियुक्त कर लिया।

(ङ) शिशु खरगोश ________ की पकड़ में आ गया।

(च) नीलकंठ ने साँप को फन के पास ________ से दबाया।

(छ) नीलकंठ और राधा की सबसे प्रिय ऋतु तो ________ ही थी।

(ज) राधा अब प्रतीक्षा में ही ________ है।

6 नीचे दिए गए वाक्यों में सही वाक्य के सामने सही (✓) और गलत वाक्य के सामने गलत (×) का चिह्न लगाइए।

(क) दोनों नवागंतुकों के चिड़ियाघर में आने पर भूचाल आ गया। ☐

(ख) मोरनी का विकास मोर के समान चमत्कारिक था। ☐

(ग) मोर का नाम नीलकंठ और मोरनी का नाम राधा था। ☐

(घ) नीलकंठ ने शिशु खरगोश को साँप की पकड़ से नहीं बचाया। ☐

(ङ) मयूर कलाप्रिय वीर पक्षी है। ☐

7 कल्पना कीजिए।

(क) लेखिका की भाँति यदि आपके घर में भी विभिन्न प्रकार के पशु-पक्षी होते तो आप उनकी व्यवस्था किस प्रकार करते?

____

____

(ख) मान लीजिए आप पार्क में गए हैं और आपको वहाँ एक घायल चिड़िया दिखती है तो आप क्या करेंगे?

____

____

भोर और बरखा

मीराबाई

1 अतिलघु उत्तरीय प्रश्न

(क) मीरा किसकी अनन्य भक्त थीं?

(ख) ग्वाल-बाल क्या बोलते हुए शोर मचा रहे थे?

(ग) 'गउवन के रखवारे' किसे कहा गया है?

(घ) 'मीरा के प्रभु' की क्या विशेषता है?

2 लघु उत्तरीय प्रश्न

(क) यशोदा, श्रीकृष्ण को क्या-क्या बताते हुए जगा रही हैं व क्यों?

(ख) सावन में कवयित्री के मन में उमंगें क्यों उठ रही हैं?

3 निम्नलिखित काव्यांशों को ध्यानपूर्वक पढ़िए और पूछे गए प्रश्नों के उत्तर दीजिए।

(1) जागो बंसीवारे ललना! जागो मोरे प्यारे!
रजनी बीती, भोर भयो है, घर-घर खुले किंवारे।
गोपी दही मथत, सुनियत हैं कंगना के झनकारे।।
उठो लालजी! भोर भयो है, सुर-नर ठाढ़े द्वारे।
ग्वाल-बाल सब करत कुलाहल, जय-जय सबद उचारै।।
माखन-रोटी हाथ मँह लीनी, गउवन के रखवारे।
मीरा के प्रभु गिरधर नागर, सरण आयाँ को तारै।।

(क) उपर्युक्त पद्यांश के कवि और कविता का नाम लिखिए।

(ख) रात बीतने पर वातावरण में क्या-क्या बदलाव आया है?

(ग) कवयित्री अपने प्रभु से क्या प्रार्थना करती हैं?

(घ) यशोदा के द्वार पर कौन खड़े हैं?

(i) देवतागण ☐ (ii) बहुत से मनुष्य ☐

(iii) गोपियाँ ☐ (iv) सुर-नर ☐

(ङ) 'ग्वाल-बाल सब करत कुलाहल' में क्रिया पद है

(i) ग्वाल-बाल ☐ (ii) करत ☐ (iii) गोपियाँ ☐ (iv) ये सभी ☐

(2) बरसे बदरिया सावन की। सावन की, मन-भावन की।।
सावन में उमग्यो मेरो मनवा, भनक सुनी हरि आवन की।
उमड़-घुमड़ चहुँदिस से आया, दामिन दमकै झर लावन की।।
नन्हीं-नन्हीं बूँदन मेहा बरसे, शीतल पवन सुहावन की।
मीरा के प्रभु गिरधर नागर! आनंद-मंगल गावन की।।

(क) प्रस्तुत पद्यांश में कवयित्री को सावन कैसा लग रहा है?

(ख) कवयित्री ने किसके आने की भनक सुनी है?

(ग) कवयित्री कैसे गीत गाना चाहती है?

(घ) उमड़ते-घुमड़ते बादल किस दिशा से आए?

(i) पूरब ☐ (ii) पश्चिम ☐

(iii) उत्तर और दक्षिण ☐ (iv) चारों दिशाओं से ☐

(ङ) काव्यांश में 'हरि' का अर्थ है

(i) श्रीकृष्ण ☐ (ii) विष्णु ☐ (iii) शिव जी ☐ (iv) श्रीराम ☐

4 **आशय स्पष्ट कीजिए।**

(क) 'रजनी बीती, भोर भयो है, घर-घर खुले किंवारे'

(ख) 'बरसे बदरिया सावन की। सावन की, मन-भावन की'

(ग) उमड़-घुमड़ चहुँदिस से आया, दामिन दमकै झर लावन की'

5 **कल्पना कीजिए।**

(क) मीरा की भाँति यदि आपको कभी अपने छोटे भाई-बहन को जगाने के लिए कहा जाए तो आप उसे कैसे जगाएँगे?

(ख) यदि कक्षा में आपका अध्यापक आपसे वर्षा ऋतु के विषय में पूछता है, तो आप अपने अध्यापक को क्या-क्या बताएँगे।

[अध्याय 17]

वीर कुँवर सिंह

1 अतिलघु उत्तरीय प्रश्न

(क) मंगल पांडे को फाँसी कब दी गई?

(ख) भारतीय सैनिकों ने दिल्ली में किसे शासक घोषित किया?

(ग) 1857 ई. के स्वतंत्रता संग्राम में भाग लेने वाले कुछ सेनानियों के नाम लिखिए।

(घ) सोनपुर के मेले में लोग क्या योजना बनाते थे?

2 लघु उत्तरीय प्रश्न

(क) कुँवर सिंह ने जब रियासत की ज़िम्मेदारी सँभाली, तब परिस्थितियाँ कैसी थीं?

(ख) 'बसुरिया बाबा' का स्वतंत्रता संग्राम में योगदान स्पष्ट कीजिए।

(ग) एशिया का सबसे बड़ा पशु मेला कहाँ लगता है तथा यह किसलिए विख्यात है?

3 दीर्घ उत्तरीय प्रश्न

(क) अंग्रेज़ों के विरुद्ध कुँवर सिंह की पराजय का क्या कारण था?

(ख) अंग्रेज़ों से हारने के बाद भी कुँवर सिंह ने अपना संघर्ष किस तरह जारी रखा?

(ग) कुँवर सिंह आदर्श शासक थे। आप आदर्श शासक में किन गुणों का होना आवश्यक मानते हैं? अपने शब्दों में लिखिए।

4 निम्नलिखित गद्यांशों को पढ़कर पूछे गए प्रश्नों के उत्तर लिखिए।

(1) कुँवर सिंह का जन्म बिहार में शाहाबाद ज़िले के जगदीशपुर में 1782 ई. में हुआ था। उनके पिता का नाम साहबज़ादा सिंह और माता का नाम पंचरतन कुँवर था। उनके पिता साहबज़ादा सिंह जगदीशपुर रियासत के ज़मींदार थे, परंतु उनको अपनी ज़मींदारी हासिल करने में बहुत संघर्ष करना पड़ा। पारिवारिक उलझनों के कारण कुँवर सिंह के पिता बचपन में उनकी ठीक से देखभाल नहीं कर सके। जगदीशपुर लौटने के बाद ही वे कुँवर सिंह की पढ़ाई-लिखाई की ठीक से व्यवस्था कर पाए।

(क) कुँवर सिंह का जन्म कब और कहाँ हुआ था?

(ख) कुँवर सिंह के पिता कौन थे? उन्हें संघर्ष क्यों करना पड़ा?

(ग) कुँवर सिंह की देखभाल बचपन में ठीक तरह से क्यों नहीं हो सकी?

(घ) कुँवर सिंह की पढ़ाई-लिखाई की व्यवस्था कब हो सकी?

(i) जगदीशपुर लौटने के बाद ☐ (ii) शाहाबाद लौटने के बाद ☐
(iii) बिहार लौटने के बाद ☐ (iv) जमींदारी छिनने के बाद ☐

(ङ) 'पारिवारिक' शब्द में प्रयुक्त प्रत्यय है

(i) क ☐ (ii) ईक ☐ (iii) इक ☐ (iv) रिक ☐

(2) कुँवर सिंह के पिता वीर होने के साथ-साथ स्वाभिमानी एवं उदार स्वभाव के व्यक्ति थे। उनके व्यक्तित्व का प्रभाव कुँवर सिंह पर भी पड़ा। कुँवर सिंह की शिक्षा-दीक्षा की व्यवस्था उनके पिता ने घर पर ही की, वहीं उन्होंने हिंदी, संस्कृत और फ़ारसी सीखी, परंतु पढ़ने-लिखने से अधिक उनका मन घुड़सवारी, तलवारबाज़ी और कुश्ती लड़ने में लगता था।

(क) कुँवर सिंह के व्यक्तित्व पर उनके पिता के किन गुणों का प्रभाव पड़ा?

(ख) कुँवर सिंह ने कहाँ और किन-किन विषयों की पढ़ाई की?

(ग) कुँवर सिंह का मन कहाँ अधिक लगता था?

(घ) कुँवर सिंह के वीर योद्धा बनने में किसका प्रभाव अधिक था?

(i) उनकी माता का ☐ (ii) उनके पिता का ☐
(iii) साथियों का ☐ (iv) सेनापतियों का ☐

(ङ) 'व्यक्तित्व' शब्द किस भेद से संबंधित है?

(i) जातिवाचक संज्ञा ☐ (ii) व्यक्तिवाचक संज्ञा ☐
(iii) सर्वनाम ☐ (iv) भाववाचक संज्ञा ☐

(3) वीर कुँवर सिंह ने ब्रिटिश हुकूमत के साथ लोहा तो लिया ही साथ में उन्होंने अनेक सामाजिक कार्य भी किए। आरा ज़िला स्कूल के लिए ज़मीन दान में दी जिस पर स्कूल के भवन का निर्माण किया गया। कहा जाता है कि उनकी आर्थिक स्थिति बहुत अच्छी नहीं थी, फिर भी वे निर्धन व्यक्तियों की सहायता करते थे। उन्होंने अपने इलाके में अनेक सुविधाएँ प्रदान की थीं। उनमें से एक है—आरा-जगदीशपुर सड़क और आरा-बलिया सड़क का निर्माण। उस समय जल की पूर्ति के लिए लोग कुएँ खुदवाते थे और तालाब बनवाते थे। वीर कुँवर सिंह ने अनेक कुएँ खुदवाए और जलाशय भी बनवाए।

(क) वीर कुँवर सिंह ने किससे लोहा लिया?

(ख) कुँवर सिंह की आर्थिक स्थिति कैसी थी?

(ग) कुवँर सिंह ने अपने इलाके में किस प्रकार की सुविधाएँ प्रदान की?

(घ) वीर कुँवर सिंह ने ______ कार्य भी किए।

(i) आर्थिक ☐ (ii) सामाजिक ☐
(iii) स्कूल खुलवाए ☐ (iv) इनमें से कोई नहीं ☐

(ङ) 'आर्थिक' शब्द में प्रत्यय है।

(i) ईक ☐ (ii) इक ☐ (iii) आ ☐ (iv) इनमें से कोई नहीं ☐

5 नीचे दिए गए वाक्यों में सही के सामने सही (✓) तथा गलत के सामने गलत (✕) का चिह्न लगाइए।

(क) 10 मई 1857 को मंगल पांडे को फाँसी दे दी गई। ☐

(ख) बहादुरशाह ज़फ़र को भारत का शासक घोषित किया गया। ☐

(ग) 1857 का आंदोलन स्वतंत्रता प्राप्ति की दिशा में एक दृढ़ कदम था। ☐

(घ) कुँवर सिंह के पिता स्वाभिमानी एवं उदार स्वभाव के व्यक्ति नहीं थे। ☐

(ङ) वीर कुँवर सिंह युद्ध-कला में पूरी तरह से कुशल थे। ☐

(च) कुँवर सिंह अपनी पूरी सेना के साथ अंतिम नाव पर सवार थे। ☐

(छ) कुँवर सिंह ने अपना बायाँ हाथ काटकर गंगा मैया को अर्पित कर दिया। ☐

(ज) इब्राहीम खाँ और किफ़ायत हुसैन कुँवर सिंह की सेना में उच्च पदों पर आसीन थे। ☐

6 कल्पना कीजिए।

(क) कुँवर सिंह के स्थान पर यदि आप होते तो आप अपनी सेना का संचालन किस प्रकार करते?

[अध्याय 18]

संघर्ष के कारण मैं तुनुकमिज़ाज़ हो गया : धनराज

1 अतिलघु उत्तरीय प्रश्न

(क) धनराज ने अपनी हॉकी की शुरुआत कब और कहाँ की?

(ख) धनराज को मुंबई आने का अवसर कब मिला?

(ग) धनराज को कौन-से ओलंपिक कैंप में नहीं चुना गया?

(घ) धनराज को अपने विशेष होने का पता कब चला?

2 लघु उत्तरीय प्रश्न

(क) धनराज के अभावग्रस्त बचपन ने उनके व्यक्तित्व पर क्या प्रभाव डाला?

(ख) धनराज के साथ रेलवे-स्टेशन पर क्या घटना घटी?

(ग) धनराज ने अपना फ़्लैट किस तरह खरीदा?

3 दीर्घ उत्तरीय प्रश्न

(क) धनराज पिल्लै का साक्षात्कार प्रस्तुत करने का उद्देश्य क्या है? अपने शब्दों में लिखिए।

(ख) गरीबी भी धनराज को रोक न सकी। पाठ के आलोक में स्पष्ट कीजिए।

4 निम्नलिखित गद्यांशों को ध्यानपूर्वक पढ़िए और पूछे गए प्रश्नों के उत्तर दीजिए।

(1) मेरे दोनों बड़े भाई हॉकी खेलते थे। उन्हीं के चलते मुझे भी हॉकी का शौक हुआ। पर, हॉकी-स्टिक खरीदने तक की हैसियत नहीं थी मेरी। इसलिए अपने साथियों की स्टिक उधार माँगकर काम चलाता था। वह मुझे तभी मिलती, जब वे खेल चुके होते थे। इसके लिए बहुत धीरज के साथ अपनी बारी का इंतज़ार करना पड़ता था। मुझे अपनी पहली स्टिक तब मिली, जब मेरे बड़े भाई को भारतीय कैंप के लिए चुन लिया गया। उसने मुझे अपनी पुरानी स्टिक दे दी। वह नई तो नहीं थी, लेकिन मेरे लिए बहुत कीमती थी, क्योंकि वह मेरी अपनी थी।

(क) धनराज को हॉकी खेलने का शौक कैसे पैदा हुआ?

(ख) धनराज को दूसरों की स्टिक से काम चलाना पड़ता था, क्यों?

(ग) धनराज को पहली हॉकी स्टिक कैसे प्राप्त हुई?

(घ) धनराज को पहली हॉकी स्टिक ______ मिली।

(i) अपने साथी से ☐ (ii) अपने सीनियर खिलाड़ी से ☐

(iii) अपने बड़े भाई से ☐ (iv) अपने कोच से ☐

(ङ) <u>हैसियत</u> शब्द का अर्थ है

(i) अक्षमता ☐ (ii) क्षमता ☐

(iii) उदारता ☐ (iv) दयालुता ☐

(2) सबसे अधिक प्रेरणा मुझे अपनी माँ से मिली। उन्होंने हम सब भाई-बहनों में अच्छे संस्कार डालने की कोशिश की। मैं उनके सबसे नज़दीक हूँ। मैं चाहे भारत में रहूँ या विदेश में, रोज़ रात में सोने से पहले माँ से ज़रूर बात करता हूँ। मेरी माँ ने मुझे अपनी प्रसिद्धि को विनम्रता के साथ सँभालने की सीख दी है। मेरी सबसे बड़ी भाभी कविता भी मेरी माँ की तरह हैं और वह भी मेरे लिए प्रेरणा-स्रोत रही हैं।

(क) धनराज के लिए कौन-कौन प्रेरणादायिनी रही हैं?

(ख) धनराज अपनी माँ को सबसे निकट क्यों मानते हैं?

(ग) धनराज की माँ ने उन्हें क्या सँभालने की सीख दी?

____

(घ) धनराज के लिए माँ के समान कौन है?

(i) उनकी छोटी भाभी ☐ (ii) कविता (उनकी बड़ी भाभी) ☐

(iii) उनकी बहन ☐ (iv) इनमें से कोई नहीं ☐

(ङ) विनम्रता में प्रस्तुत है

(i) उपसर्ग ☐ (ii) प्रत्यय ☐

(iii) उपसर्ग और प्रत्यय दोनों ☐ (iv) इनमें से कोई नहीं ☐

5 रिक्त स्थानों की पूर्ति कीजिए।

(क) ______ का बचपन मुश्किलों से भरा रहा।

(ख) वह अपने साथियों से ______ उधार माँगकर काम चलाता था।

(ग) विज्ञान इस कदर ______ कर सकता है।

(घ) पहली कार एक सेकेंड हैंड ______ थी।

(ङ) पहली ज़िम्मेदारी परिवार की ______ तंगी को दूर करना था।

(च) हॉकी के ही कारण धनराज पिल्लै को हर जगह ______ मिली।

6 कल्पना कीजिए।

(क) मान लीजिए आप किसी प्रतियोगिता में भाग लेते हैं और आप उसमें प्रथम स्थान प्राप्त करते हैं जिसके परिणामस्वरूप आपको कुछ धनराशि उपहार स्वरूप दी जाती है, तो आप उस धनराशि को किस प्रकार प्रयोग में लाएँगे?

____

____

अध्याय 19

आश्रम का अनुमानित व्यय

मोहनदास करमचंद गांधी

1 अतिलघु उत्तरीय प्रश्न

(क) आश्रम की स्थापना कहाँ की गई?

(ख) आरंभ में आश्रम में अनुमानित सदस्यों की संख्या कितनी थी?

(ग) गांधीजी आश्रम के स्थान की व्यवस्था किस प्रकार करना चाहते थे?

2 लघु उत्तरीय प्रश्न

(क) गांधीजी आश्रम में बढ़ई और राजमिस्त्री के औज़ार क्यों मँगवाना चाह रहे थे?

(ख) गांधीजी बजट क्यों बना रहे थे?

(ग) गांधीजी हथकरघे की आवश्यकता क्यों महसूस कर रहे थे?

3 दीर्घ उत्तरीय प्रश्न

(क) गांधीजी ने ऐसा क्यों स्वीकारा है कि उनके अनुमान में भूलें हो सकती हैं?

(ख) 'आश्रम का अनुमानित व्यय' अध्याय के उद्देश्य को अपने शब्दों में लिखिए।

(ग) गांधीजी द्वारा निर्मित बजट में दूरदर्शिता एवं मितव्ययिता है, प्रस्तुत कथन को स्पष्ट कीजिए।

4 निम्नलिखित गद्यांशों को ध्यानपूर्वक पढ़िए और प्रश्नों के उत्तर दीजिए।

(1) आरंभ में संस्था (आश्रम) में चालीस लोग होंगे। कुछ समय में इस संख्या के पचास हो जाने की संभावना है। हर महीने औसतन दस अतिथियों के आने की संभावना है। इनमें तीन या पाँच सपरिवार होंगे, इसलिए स्थान की व्यवस्था ऐसी होनी चाहिए कि परिवारवाले लोग अलग रह सकें और शेष एक साथ। इसको ध्यान में रखते हुए तीन रसोईघर हों और मकान कुल पचास हज़ार वर्ग फुट क्षेत्रफल में बने तो सब लोगों के लायक जगह हो जाएगी।

(क) गद्यांश के अध्याय और लेखक का नाम लिखिए।

(ख) गांधीजी आश्रम में रहने के स्थान की कैसी व्यवस्था चाहते थे?

(ग) आश्रम में लोगों को रहने के लिए कितनी जगह चाहिए थी?

(घ) हर महीने कितने अतिथियों के बढ़ने की संभावना है?

(i) दस ☐ (ii) बीस ☐
(iii) चालीस ☐ (iv) पचास ☐

(ङ) आरंभ में <u>आश्रम में</u> चालीस लोग होंगे। रेखांकित अंश में कारक है

(i) करण कारक ☐ (ii) अधिकरण कारक ☐
(iii) अपादान कारक ☐ (iv) संबंध कारक ☐

(2) मेरी माँग तो यह भी है कि अहमदाबाद मुझे पूरी ज़मीन और मकान सभी दे दे तो बाकी खर्च मैं कहीं और से या दूसरी तरह जुटा लूँगा। अब चूँकि विचार बदल गया है, इसलिए ऐसा लगता है कि एक वर्ष का या इससे कुछ कम दिनों का खर्च अहमदाबाद को उठाना चाहिए। यदि अहमदाबाद एक वर्ष के खर्च का बोझ उठाने के लिए तैयार न हो, तो ऊपर बताए गए खाने के खर्च का इंतज़ाम मैं कर सकता हूँ। चूँकि मैंने खर्च का यह अनुमान जल्दी में तैयार किया है, इसलिए यह संभव है कि कुछ मदें मुझसे छूट गई हों। इसके अतिरिक्त खाने के खर्च के सिवा मुझे स्थानीय स्थितियों की जानकारी नहीं है, इसलिए मेरे अनुमान में भूलें भी हो सकती हैं।

(क) गांधीजी खर्चे का प्रबंध कहाँ से जुटाने की बात कर रहे थे?

(ख) गांधीजी के बदले विचारों के अनुसार, अहमदाबाद को क्या करना चाहिए?

(ग) गांधीजी भूल होने की संभावना क्यों प्रकट कर रहे थे?

(घ) गांधीजी ने खर्च का अनुमान ________ तैयार किया है।

(i) बहुत सोच समझकर ☐ (ii) बहुत समय लगाकर ☐
(iii) जल्दी में ☐ (iv) अभी-अभी ☐

(ङ) 'अतिरिक्त' में प्रयुक्त उपसर्ग है।

(i) अ ☐ (ii) अति ☐
(iii) अती ☐ (iv) इनमें से कोई नहीं ☐

5 कल्पना कीजिए।

(क) गांधी जी के स्थान पर यदि आप होते और आपको किसी संस्था का प्रबंधन करने का कार्य दिया जाए तो आप किस प्रकार करेंगे?

अध्याय 20

विप्लव-गायन

बालकृष्ण शर्मा 'नवीन'

1 अतिलघु उत्तरीय प्रश्न

(क) कवि देशवासियों को कैसी तान सुनाना चाहता है?

(ख) कवि किन झाड़-झंखाड़ों को नष्ट करना चाहता है?

(ग) कवि का गीत सुनकर कण-कण में कौन-सा स्वर व्याप्त है?

2 लघु उत्तरीय प्रश्न

(क) कवि सामाजिक परिवर्तन के गीत क्यों गाना चाहता है?

(ख) कवि का क्रांतिकारी स्वर रुद्ध क्यों हुआ है?

(ग) समाज में बदलाव लाने के लिए कवि क्या आवश्यक मानता है?

(घ) 'विप्लव-गायन' कविता से आपको क्या संदेश मिलता है?

(ङ) प्रस्तुत कविता का उद्देश्य लिखिए।

3 **निम्नलिखित काव्याशों को ध्यानपूर्वक पढ़कर पूछे गए प्रश्नों के उत्तर दीजिए।**

(1) कवि, कुछ ऐसी तान सुनाओ
जिससे उथल-पुथल मच जाए,
एक हिलोर इधर से आए,
एक हिलोर उधर से आए।

सावधान! मेरी वीणा में
चिनगारियाँ आन बैठी हैं,
टूटी हैं मिज़राबें, अंगुलियाँ
दोनों मेरी ऐंठी हैं।

(क) प्रस्तुत काव्यांश के कवि और कविता का नाम लिखिए।

(ख) कवि कैसी तान सुनना चाहता है?

(ग) कवि किस प्रकार की हिलोर लाना चाहता है?

(घ) कवि का स्वर इतना कठोर क्यों है?

(i) ताकि लोग डर जाएँ ☐
(ii) कोमल स्वर से परिवर्तन संभव नहीं ☐
(iii) ताकि लोग पुरानी रीतियाँ और रूढ़ियाँ त्याग दें ☐
(iv) 'ii' और 'iii' दोनों ☐

(ङ) 'मिज़राबें' का अर्थ है

(i) वीणा का तार ☐
(ii) वीणा से निकलने वाला राग ☐
(iii) वीणा बजाते समय पहना जाने वाला धातु का छल्ला ☐
(iv) वीणा का ऊपरी भाग ☐

(2) कंठ रुका है महानाश का
मारक गीत रुद्ध होता है,
आग लगेगी क्षण में, हृत्तल में
अब क्षुब्ध-युद्ध होता है।

झाड़ और झंखाड़ दग्ध है
इस ज्वलंत गायन के स्वर से,
रुद्ध-गीत की क्रुद्ध तान है
निकली मेरे अंतरतर से।

(क) कवि महानाश के गीत क्यों गाना चाहता है?

(ख) ऐसे गीत का समाज पर क्या प्रभाव पड़ेगा?

(ग) प्रस्तुत पंक्तियों के आधार पर कवि की मनोदशा के विषय में बताइए।

(घ) झाड़ और झंखाड़ किसके प्रतीक हैं?

(i) छोटे काँटेदार पौधों के ☐ (ii) फूल वाले पौधों के ☐

(iii) सड़ी-गली परंपराओं एवं रूढ़ियों के ☐ (iv) सामाजिक विकास के ☐

(ङ) '<u>ज्वलंत</u> गायन' में रेखांकित अंश है

(i) संज्ञा ☐ (ii) सर्वनाम ☐

(iii) विशेष्य ☐ (iv) विशेषण ☐

4 आशय स्पष्ट कीजिए।

(क) 'उथल-पुथल मच जाए'

(ख) 'अब क्षुब्ध-युद्ध होता है'

(ग) 'जीवन के सब राज़ समझ आया हूँ'

5 कल्पना कीजिए।

(क) कवि के स्थान पर यदि आप होते तो समाज में व्याप्त निष्क्रियता तथा जड़ता को तोड़ने का प्रयास किस प्रकार करते?

पूरक पाठ्य-पुस्तक

महाभारत कथा

कथा-सार

1 अतिलघु उत्तरीय प्रश्न

(क) 'महाभारत कथा' की रचना किसकी देन मानी जाती है?

(ख) शांतनु की मृत्यु के बाद हस्तिनापुर की गद्दी पर कौन बैठा?

(ग) विचित्रवीर्य के पुत्रों के नाम लिखिए।

(घ) कुंती एवं माद्री के कितने पुत्र हुए?

(ङ) 'पाँचों कुमारों' को ऋषियों ने हस्तिनापुर में किसे सौंप दिया?

2 लघु उत्तरीय प्रश्न

(क) पांडु वन में क्यों गए? उनके साथ कौन-कौन गया? संक्षेप में लिखिए।

(ख) कौरवों और पांडवों के बीच वैरभाव बढ़ने के क्या कारण थे?

(ग) भीष्म पितामह ने कौरव और पांडवों के बीच किस तरह संधि कराई?

(घ) दुर्योधन ने पांडवों को राज्य वापस करने से इंकार क्यों कर दिया?

3 दीर्घ उत्तरीय प्रश्न

(क) महाभारत की कथा सुनने का अवसर जनमेजय को कैसे मिला? अपने शब्दों में वर्णन कीजिए।

(ख) पांडवों का पालन-पोषण ऋषियों द्वारा वन में क्यों किया गया?

(ग) पांडवों को अपना राज्य छोड़कर वनवास के लिए विवश क्यों होना पड़ा?

1 देवव्रत

1 अतिलघु उत्तरीय प्रश्न

(क) शांतनु ने किसके समक्ष विवाह का प्रस्ताव रखा?

(ख) शांतनु ने गंगा को क्या वचन दिया?

(ग) गंगा को शांतनु की कौन-सी बात बुरी लगी?

(घ) गंगा के साथ लाया हुआ बच्चा आगे चलकर किस नाम से विख्यात हुआ?

2 लघु उत्तरीय प्रश्न

(क) आठवें पुत्र को लेकर जा रही गंगा को शांतनु ने किस तरह टोका?

(ख) गंगा के जाने के बाद शांतनु की मनोदशा कैसी हो गई?

(ग) शांतनु गंगा के किनारे का दृश्य देख क्यों दंग रह गए?

3 दीर्घ उत्तरीय प्रश्न

(क) शांतनु की रोक-टोक पर गंगा की क्या प्रतिक्रिया हुई?

(ख) आश्चर्यचकित शांतनु से गंगा ने अपने पुत्र का परिचय किस तरह करवाया?

2 भीष्म-प्रतिज्ञा

1 अतिलघु उत्तरीय प्रश्न

(क) शिकार करने गए राजा शांतनु, गंगा तट से किसे साथ लेकर आए?

(ख) शांतनु के मन में जो विराग छाया हुआ था, वह किसे देखकर दूर हो गया?

(ग) शांतनु ने किससे प्रेम-याचना की?

(घ) केवटराज ने शांतनु के सामने क्या शर्त रखी?

(ङ) सत्यवती से शांतनु के कितने पुत्र उत्पन्न हुए?

2 लघु उत्तरीय प्रश्न

(क) शांतनु की प्रेम-याचना का सत्यवती ने क्या जवाब दिया?

(ख) केवटराज की शर्त को महाराज शांतनु तुरंत क्यों स्वीकार न कर सके?

(ग) पिता शांतनु की निराशा और उद्विग्नता को देखकर देवव्रत ने उनसे क्या पूछा?

(घ) देवव्रत के जवाब में केवटराज को क्या आशंका नज़र आ रही थी?

(ङ) 'विचित्रवीर्य' की कितनी रानियाँ थीं एवं उनके नाम भी बताइए?

3 दीर्घ उत्तरीय प्रश्न

(क) केवटराज की शर्त को देवव्रत ने किस तरह पूरा करने का प्रयास किया?

(ख) देवव्रत के चरित्र से आपको क्या शिक्षा मिलती है? अपने शब्दों में लिखिए। (मूल्यपरक प्रश्न)

3 अंबा और भीष्म

1 अतिलघु उत्तरीय प्रश्न

(क) चित्रांगद की मृत्यु किस प्रकार हुई?

(ख) भीष्म स्वयंवर में सम्मिलित होने के लिए कहाँ गए?

(ग) अंबा कौन थी? उसने अपना पति किसे मान लिया था?

(घ) अंबा की दो बहनें कौन थीं? उनका विवाह किससे हुआ?

(ङ) अंबा की करुण कहानी सुनकर किसका हृदय पिघल गया?

(च) परशुराम और भीष्म के बीच हुए युद्ध में किसे हार माननी पड़ी?

(छ) अंबा की तपस्या का क्या परिणाम रहा?

2 लघु उत्तरीय प्रश्न

(क) ब्रह्मचर्य का व्रत ले चुके भीष्म ने राज-काज संभालना क्यों स्वीकार किया?

(ख) राजकुमारों द्वारा की गई कटुक्तियों पर भीष्म ने अपनी प्रतिक्रिया कैसे व्यक्त की?

(ग) शाल्व कौन था? उसने भीष्म से युद्ध क्यों किया?

(घ) शाल्व ने अंबा को क्यों नहीं अपनाया?

3 दीर्घ उत्तरीय प्रश्न

(क) उन परिस्थितियों का वर्णन कीजिए, जिनसे अंबा परशुराम की शरण में जाने को विवश हुईं।

(ख) अंबा का क्रोध कब और कैसे शांत हुआ? विस्तार से बताइए।

4 विदुर

1 अतिलघु उत्तरीय प्रश्न

(क) विदुर कौन थे?

(ख) विदुर के बचपन का नाम क्या था? वह किस शास्त्र के ज्ञाता थे?

(ग) भीष्म ने उन्हें (विदुर) किस पद पर नियुक्त किया?

(घ) धृतराष्ट्र की कमज़ोरी क्या थी?

2 लघु उत्तरीय प्रश्न

(क) विदुर जुआ खेलने को उचित क्यों नहीं समझते थे?

(ख) विदुर की सलाह का धृतराष्ट्र पर क्या असर हुआ?

(ग) धृतराष्ट्र की कमज़ोरी का दुर्योधन ने किस तरह अनुचित लाभ उठाया?

3 दीर्घ उत्तरीय प्रश्न

(क) धृतराष्ट्र ने दुर्योधन को किस तरह समझाने का प्रयास किया? अपने शब्दों में लिखिए।

(ख) युधिष्ठिर जुआ खेलने क्यों चले गए? विस्तार से वर्णन कीजिए।

(ग) युधिष्ठिर के जुआ खेलने को आप कितना उचित समझते हैं? अपने शब्दों में लिखिए। (मूल्यपरक प्रश्न)

5 कुंती

1 अतिलघु उत्तरीय प्रश्न

(क) कुंती किसकी पुत्री थी?

(ख) ऋषि दुर्वासा ने कुंती को क्या वरदान दिया?

(ग) जन्म के समय कर्ण किन आभूषणों से सुशोभित था?

(घ) पांडु ने अपना दूसरा विवाह किसके साथ किया?

2 लघु उत्तरीय प्रश्न

(क) पृथा का नाम कुंती कैसे पड़ा?

(ख) कुंती ने बालक को नदी में क्यों बहा दिया?

(ग) पांडु की मृत्यु कैसे हुई?

(घ) किस दुर्घटना के कारण कुंती और पाँचों पांडवों के शोक की सीमा न रही?

3 दीर्घ उत्तरीय प्रश्न

(क) सूर्य-पुत्र कर्ण अधिरथ के घर क्यों पल रहा था? विस्तार से बताइए।

(ख) पांडु को किसके श्राप का भागी बनना पड़ा और क्यों?

(ग) कुंती ने पांडु की किस लालसा को पहचाना? उसने फिर क्या किया? अपने शब्दों में लिखिए।

6 भीम

1 अतिलघु उत्तरीय प्रश्न

(क) धृतराष्ट्र के कितने पुत्र थे? वे किस नाम से जाने जाते थे?

(ख) पांडु एवं धृतराष्ट्र के पुत्र किससे शस्त्र-शास्त्र विद्या सीख रहे थे?

(ग) दुर्योधन का पांडवों से ईर्ष्या करने का क्या कारण था?

(घ) भीम के भोजन में विष किसने मिलाया था?

2 लघु उत्तरीय प्रश्न

(क) कृपाचार्य से अस्त्र-विद्या और अन्य विद्याएँ सीखने के समय कौरवों और पांडवों की स्थिति कैसी थी? इसका क्या परिणाम हुआ?

(ख) कुंती ने विदुर से अपनी किस चिंता की अभिव्यक्ति की?

(ग) विदुर ने कुंती को किस तरह समझाया?

3 दीर्घ उत्तरीय प्रश्न

(क) दुर्योधन ने भीम को मारने के लिए क्या योजना बनाई?

(ख) पांडवों ने भीम को ढूँढने के लिए क्या किया और वह कहाँ मिला?

7 कर्ण

1 अतिलघु उत्तरीय प्रश्न

(क) पांडवों ने अस्त्र-शस्त्र की शिक्षा किन-किन आचार्यों से प्राप्त की?

(ख) रणभूमि में अर्जुन के सामने खड़ा युवक कौन था?

(ग) इंद्र कर्ण के पास क्यों आए?

(घ) कर्ण परशुराम के पास क्यों गया?

2 लघु उत्तरीय प्रश्न

(क) तीर चलाने की प्रतिस्पर्द्धा में अर्जुन ने कैसा प्रदर्शन किया?

(ख) कर्ण को बराबरी का दर्जा देने के लिए दुर्योधन ने क्या किया?

(ग) 'शक्ति' नामक अस्त्र देते समय इंद्र ने कर्ण को क्या चेतावनी दी?

(घ) परशुराम के क्रोधित होने का क्या कारण था?

3 दीर्घ उत्तरीय प्रश्न

(क) कृपाचार्य ने कर्ण का परिचय किस प्रकार जानना चाहा? अपने शब्दों में लिखिए।

(ख) अंग नरेश बनने के बाद भी कर्ण ने अपने पिता अधिरथ को कैसे सम्मान दिया? इससे आपको क्या शिक्षा मिलती है? (मूल्यपरक प्रश्न)

(ग) परशुराम का श्राप कर्ण के जीवन के लिए किस तरह घातक बना?

8 द्रोणाचार्य

1 अतिलघु उत्तरीय प्रश्न

(क) द्रोण और द्रुपद कहाँ शिक्षा प्राप्त करते थे?

(ख) शिक्षा समाप्त होने पर द्रोणाचार्य का विवाह किससे हुआ?

(ग) द्रोणाचार्य के पुत्र का क्या नाम था?

(घ) द्रोण परशुराम के पास क्यों गए?

(ङ) क्या निकालने के प्रयत्न में युधिष्ठिर की अँगूठी कुएँ में गिर गई?

(च) धृष्टद्युम्न कौन था? उसके हाथों से कौन मारा गया?

2 लघु उत्तरीय प्रश्न

(क) धन न देकर भी परशुराम ने द्रोण को कैसे संतुष्ट कर दिया?

(ख) द्रोण द्रुपद के पास कब और क्यों गए?

(ग) द्रुपद से अपमानित होने पर द्रोण ने क्या निश्चय किया?

(घ) गेंद निकालने के बदले युधिष्ठिर ने द्रोण को क्या देने को कहा?

(ङ) राजकुमारों को क्या देखकर अचरज हुआ और उन्होंने क्या किया?

(च) भीष्म पितामह ने राजकुमारों की अस्त्र-शिक्षा के विषय में क्या निश्चय किया?

3 दीर्घ उत्तरीय प्रश्न

(क) राजा बनने के बाद द्रुपद ने द्रोण की मित्रता क्यों स्वीकार नहीं की?

(ख) द्रोण को अपनी गुरु-दक्षिणा कैसे मिली?

(ग) द्रुपद ने अपने अपमान का बदला कैसे लिया?

9 लाख का घर

1 अतिलघु उत्तरीय प्रश्न

(क) पांडवों के प्रति दुर्योधन की बढ़ती ईर्ष्या का क्या कारण था?

(ख) दुर्योधन के कार्यों में उसका साथ कौन-कौन दे रहे थे?

(ग) कर्णिक कौन था?

(घ) दुर्योधन, पांडवों को वारणावत भेजने के लिए क्यों कह रहा था?

(ङ) धृतराष्ट्र अपने बेटे की सलाह मानने पर क्यों विवश थे?

2 लघु उत्तरीय प्रश्न

(क) प्रजाजनों की बातों से चिंतित दुर्योधन ने धृतराष्ट्र से चिंता प्रकट करते हुए क्या कहा?

(ख) युधिष्ठिर के विरुद्ध धृतराष्ट्र के लिए कुछ भी करना कठिन क्यों था?

(ग) दुर्योधन के पृष्ठ-पोषकों ने पांडवों को वारणावत जाने के लिए किस तरह ललचाया?

3 दीर्घ उत्तरीय प्रश्न

(क) प्रजा क्यों चाहती थी कि युधिष्ठिर ही राजा बनें? वे राज्य का वास्तविक उत्तराधिकारी पांडवों को ही क्यों मानते थे?

(ख) कर्णिक ने धृतराष्ट्र को पांडवों के विरुद्ध किस तरह भड़काया?

(ग) पांडवों के वारणावत चले जाने पर दुर्योधन उनके विरुद्ध क्या-क्या योजनाएँ बनाने लगा? विस्तारपूर्वक बताइए।

10 पांडवों की रक्षा

1 अतिलघु उत्तरीय प्रश्न

(क) वारणावत में भवन तैयार होने तक पांडव कहाँ रहते रहे?

(ख) भवन में प्रवेश करते ही युधिष्ठिर को क्या पता चल गया?

(ग) कारीगर ने पांडवों को बचाने का क्या उपाय किया?

(घ) किसकी सलाह से कुंती ने एक बड़े भोज का प्रबंध किया?

(ङ) भवन में आग किसने लगाई?

(च) विदुर को पांडवों के प्रति क्या विश्वास था?

(छ) बकासुर का वध करने से पूर्व भीम किस राक्षस का वध कर चुका था?

2 लघु उत्तरीय प्रश्न

(क) दुर्योधन की योजना जानकर लाख के भवन में युधिष्ठिर ने भीम को क्या समझाया?

(ख) सुरंग बनाने वाले कारीगर ने पांडवों को अपना परिचय किस तरह दिया?

(ग) वारणावत के लोगों द्वारा हस्तिनापुर में पहुँचाई गई ख़बर क्या थी?

(घ) विदुर ने पितामह भीष्म को किस प्रकार चिंतामुक्त किया?

(ङ) कुंती ने रोते ब्राह्मण से क्या पूछा?

(च) कुंती ने ब्राह्मण को राक्षस के पास भोजन भिजवाने का क्या उपाय बताया?

3 दीर्घ उत्तरीय प्रश्न

(क) पांडवों ने लाख के भवन से गंगा तट तक की यात्रा कैसे पूरी की?

(ख) भीम का हृदय दग्ध क्यों हो उठा? अपने शब्दों में स्पष्ट कीजिए।

(ग) कुंती ने ब्राह्मण के घर अपने अतिथि धर्म का पालन कैसे किया? इस प्रसंग से आपको कैसी शिक्षा प्राप्त होती है? अपने शब्दों में लिखिए। (मूल्यपरक प्रश्न)

(घ) भीम ने ब्राह्मण परिवार पर आया संकट कैसे दूर किया?

11 द्रौपदी-स्वयंवर

1 अतिलघु उत्तरीय प्रश्न

(क) कुम्हार की झोंपड़ी से निकलकर पांडव कहाँ गए?

(ख) द्रौपदी-स्वयंवर की क्या शर्त थी?

(ग) द्रौपदी-स्वयंवर में कौन-कौन शामिल हुए?

(घ) भीम स्वयंवर सभा में ही क्यों रुका रहा?

(ङ) कुम्हार की कुटिया में 'धृष्टद्युम्न ने क्या देखा?

2 लघु उत्तरीय प्रश्न

(क) स्वयंवर मंडप में द्रौपदी के आगमन का संक्षिप्त वर्णन कीजिए।

(ख) राजकुमार मंडप से अपमानित होकर क्यों लौट रहे थे?

(ग) स्वयंवर की शर्त पूरी होने पर राजकुमारों ने अपनी निराशा कैसे प्रकट की?

(घ) पांडवों का असली परिचय पाने पर द्रुपद की प्रतिक्रिया क्या थी?

3 दीर्घ उत्तरीय प्रश्न

(क) स्वयंवर की शर्त पूरी करने के लिए स्वयंवर-मंडप में किस तरह का आयोजन किया गया था?

(ख) स्वयंवर-मंडप में कर्ण की असफलता का वर्णन कीजिए।

(ग) अर्जुन द्वारा स्वयंवर की शर्त को पूरा करने का वर्णन अपने शब्दों में कीजिए।

12 इंद्रप्रस्थ

1 अतिलघु उत्तरीय प्रश्न

(क) विदुर, धृतराष्ट्र के पास दौड़े-दौड़े क्यों गए?

(ख) विवाहोपरांत पांडव, कुंती और द्रौपदी के साथ कहाँ रहे?

(ग) कर्ण की हँसी का क्या कारण था?

(घ) धृतराष्ट्र किसकी विरोधी बातें सुनकर निर्णय नहीं ले सके?

(ङ) महात्मा विदुर ने कर्ण की सलाह से श्रेयस्कर किसकी राय बताई?

(च) पांडवों ने अपनी राजधानी किसे बनाया? वे कितने वर्षों तक शासन करते रहे?

2 लघु उत्तरीय प्रश्न

(क) अर्जुन द्वारा द्रौपदी-स्वयंवर जीतने पर दुर्योधन की क्या प्रतिक्रिया हुई?

(ख) द्रोण ने दुर्योधन को क्या सलाह दी?

(ग) द्रोणाचार्य, कर्ण को चेतावनी देने पर क्यों विवश हुए?

3 दीर्घ उत्तरीय प्रश्न

(क) कर्ण को पांडवों पर हमला करने के अलावा अन्य कोई उपाय क्यों नज़र नहीं आ रहा था?

(ख) भीष्म ने दुर्योधन को क्या सलाह दी? उनकी सलाह कर्ण को कैसी लगी?

(ग) धृतराष्ट्र ने पांडवों को नया नगर बनाने के लिए किस तरह प्रेरित किया?

13 जरासंध

1 अतिलघु उत्तरीय प्रश्न

(क) इंद्रप्रस्थ में राज्य करते हुए युधिष्ठिर के भाइयों तथा साथियों के मन में क्या इच्छा उत्पन्न हुई?

(ख) युधिष्ठिर ने श्रीकृष्ण को क्यों बुलवाया?

(ग) जरासंध का क्या नियम था?

(घ) जरासंध का अंत किसने किया?

(ङ) जरासंध के वध के उपरांत श्रीकृष्ण ने वहाँ का राजा किसे बनाया?

(च) युधिष्ठिर को किसकी पदवी प्राप्त हुई?

2 लघु उत्तरीय प्रश्न

(क) युधिष्ठिर द्वारा किए जा रहे राजसूय यज्ञ के मार्ग में श्रीकृष्ण ने क्या बाधा बताई?

(ख) जरासंध की वीरता के बारे में जान लेने पर युधिष्ठिर ने क्या प्रतिक्रिया व्यक्त की?

(ग) श्रीकृष्ण की अग्रपूजा का शिशुपाल ने किस तरह विरोध किया?

3 दीर्घ उत्तरीय प्रश्न

(क) श्रीकृष्ण को मथुरा छोड़कर द्वारका में क्यों रहना पड़ा था?

(ख) श्रीकृष्ण की बातें सुनकर अर्जुन ने अपनी वीरता का परिचय किस तरह दिया?

(ग) जरासंध ने ब्राह्मण अतिथियों का स्वागत किस तरह किया?

14 शकुनि का प्रवेश

1 अतिलघु उत्तरीय प्रश्न

(क) युधिष्ठिर द्वारा ली गई शपथ के पीछे क्या उद्देश्य था?

(ख) दुर्योधन की चिंता एवं उदासी का क्या कारण था?

(ग) पांडवों पर विजय पाने के लिए दुर्योधन क्या करना चाहता था?

(घ) शकुनि को किस खेल में निपुणता प्राप्त थी?

(ङ) शकुनि ने धृतराष्ट्र को क्या सलाह दी?

(च) युधिष्ठिर के पास खेल का निमंत्रण लेकर कौन गया?

2 लघु उत्तरीय प्रश्न

(क) शकुनि कौन था एवं उसने दुर्योधन को सांत्वना किस प्रकार दी?

(ख) दुर्योधन के शोकग्रस्त और चिंतित होने की बात सुनकर धृतराष्ट्र पर क्या असर हुआ?

(ग) दुर्योधन के किस तर्क से धृतराष्ट्र उसकी बातें मानने को विवश हो गए?

(घ) चौसर के खेल के बारे में विदुर की क्या राय थी?

3 दीर्घ उत्तरीय प्रश्न

(क) शकुनि ने ऐसा क्या कहा, जिससे दुर्योधन पांडवों पर चढ़ाई करने का विचार करने लगा?

(ख) पांडवों पर चढ़ाई करने के बजाय शकुनि ने दुर्योधन को क्या सलाह दी?

(ग) 'धृतराष्ट्र ने दुर्योधन की बात मान ली।' धृतराष्ट्र का अपने बेटे की बात मान लेना उचित है अथवा अनुचित? पक्ष अथवा विपक्ष में उत्तर दीजिए। (मूल्यपरक प्रश्न)

15 चौसर का खेल एवं द्रौपदी की व्यथा

1 अतिलघु उत्तरीय प्रश्न

(क) विदुर पांडवों के पास क्यों आए?

(ख) चौसर के खेल के बारे में युधिष्ठिर ने शकुनि से क्या कहा?

(ग) दुर्योधन की ओर से कौन खेल रहा था?

(घ) पहले तीन दाँवों में युधिष्ठिर क्या-क्या हार बैठे?

2 लघु उत्तरीय प्रश्न

(क) युधिष्ठिर का न्यौता स्वीकार करने के पीछे क्या कारण था?

(ख) चौसर का खेल शुरू होते समय वहाँ कौन-कौन वृद्धजन उपस्थित थे? इस पर उनकी क्या प्रतिक्रिया थी?

(ग) सहदेव की बाज़ी लगाते हुए युधिष्ठिर ने क्या कहा?

(घ) जब युधिष्ठिर द्रौपदी को चौसर में हार गए, तब दुर्योधन ने विदुर को क्या आदेश दिया?

3 दीर्घ उत्तरीय प्रश्न

(क) शकुनि ने अर्जुन को दाँव पर लगाने के लिए किस तरह उकसाया? युधिष्ठिर ने इसका क्या जवाब दिया?

(ख) द्रौपदी को दाँव पर लगाने से सभा में उपस्थित लोगों ने क्या प्रतिक्रिया व्यक्त की?

16 धृतराष्ट्र की चिंता

1 अतिलघु उत्तरीय प्रश्न

(क) पांडवों के वन जाते समय धृतराष्ट्र ने विदुर को क्यों बुलाया?

(ख) धृतराष्ट्र ने क्रोधित होकर विदुर से क्या कहा था?

(ग) किसके चले जाने पर धृतराष्ट्र और अधिक चिंतित हो गए?

(घ) दुर्योधन की ढिठाई देखकर महर्षि मैत्रेय ने क्या कहा?

(ङ) पांडवों के वन-गमन की ख़बर मिलते ही श्रीकृष्ण ने क्या किया?

(च) श्रीकृष्ण के साथ पांडवों से मिलने कौन-कौन गया?

2 लघु उत्तरीय प्रश्न

(क) धृतराष्ट्र विदुर से क्रोधित क्यों हो गए?

(ख) धृतराष्ट्र ने विदुर के सामने अपनी भूल किस तरह स्वीकार की?

(ग) धृतराष्ट्र ने महर्षि मैत्रेय से क्या जानना चाहा?

(घ) सुभद्रा कौन थी एवं श्रीकृष्ण उसे व उसके पुत्र को लेकर कहाँ गए?

3 दीर्घ उत्तरीय प्रश्न

(क) पांडव किस तरह वन जा रहे थे?

(ख) महर्षि मैत्रेय ने पांडवों के बारे में धृतराष्ट्र को क्या-क्या बताया?

(ग) द्रौपदी ने श्रीकृष्ण से अपनी व्यथा कैसे प्रकट की? श्रीकृष्ण ने उन्हें क्या आश्वासन दिया?

17 भीम और हनुमान

1 अतिलघु उत्तरीय प्रश्न

(क) द्रौपदी ने भीम से क्या लाने के लिए कहा?

(ख) रास्ते में भीम ने क्या देखा?

(ग) भीम द्वारा हटने के लिए कहने पर बंदर ने क्या जवाब दिया?

(घ) बंदर ने भीम से क्या पूछा?

2 लघु उत्तरीय प्रश्न

(क) नींद टूटने पर बंदर ने भीम से क्या कहा?

(ख) भीम, बंदर को लाँघकर क्यों नहीं जाना चाहते थे?

(ग) बंदर को उपदेश देता देख भीम की क्या प्रतिक्रिया हुई?

(घ) बंदर ने भीम को आगे बढ़ने का क्या उपाय बताया?

3 दीर्घ उत्तरीय प्रश्न

(क) भीम का गर्व किस तरह चूर-चूर हो गया? उसे किस बात पर विस्मय हुआ?

(ख) बंदर से परिचय पाने पर भीम की क्या प्रतिक्रिया रही? उन्हें क्या आशीर्वाद मिला?

18 द्वेष करने वाले का जी नहीं भरता

1 अतिलघु उत्तरीय प्रश्न

(क) धृतराष्ट्र को पांडवों का हाल-चाल किनसे मिला?

(ख) दुर्योधन की क्या इच्छा थी?

(ग) दुर्योधन ने कर्ण और मामा शकुनि से क्या कहा?

(घ) कौरवों के बंदी बनाए जाने की बात सुन युधिष्ठिर ने भीम से क्या कहा?

(ङ) महर्षि दुर्वासा अपने कितने शिष्यों के साथ दुर्योधन के राजभवन में पधारे?

(च) भीम ने उस स्थान पर क्या देखा, जहाँ दुर्वासा ऋषि स्नान करने गए थे?

2 लघु उत्तरीय प्रश्न

(क) कर्ण ने पांडवों को देखने के लिए दुर्योधन को क्या उपाय बताया?

(ख) किस-किस की सेनाएँ आपस में भिड़ गई एवं लड़ाई के मैदान में अंत तक कौन डटा रहा?

(ग) भीम और अर्जुन ने कौरवों को कैसे बंधनमुक्त कराया?

(घ) महर्षि दुर्वासा से दुर्योधन ने प्रार्थना स्वरूप क्या कहा?

(ङ) श्रीकृष्ण ने द्रौपदी से अक्षयपात्र लाने के लिए क्यों कहा?

3 दीर्घ उत्तरीय प्रश्न

(क) कौरवों और गंधर्वों के मध्य हुए युद्ध का वर्णन अपने शब्दों में कीजिए।

(ख) पांडवों को अक्षयपात्र कहाँ से मिला था? इसकी क्या विशेषता थी?

(ग) श्रीकृष्ण ने पांडवों की समस्या का समाधान कैसे किया?

19 मायावी सरोवर

1 अतिलघु उत्तरीय प्रश्न

(क) युधिष्ठिर ने नकुल से क्या लाने के लिए कहा?

(ख) जलाशय पर पहुँचकर नकुल ने क्या सोचा?

(ग) नकुल ने क्या सुना?

(घ) बहुत देर तक नकुल के न लौटने पर युधिष्ठिर ने किसको भेजा?

(ङ) पानी पीते ही सहदेव पर क्या असर हुआ?

2 लघु उत्तरीय प्रश्न

(क) नकुल ने जलाशय या नदी होने का अनुमान कैसे लगाया?

(ख) नकुल पानी लेकर क्यों नहीं लौटा? युधिष्ठिर के चिंतित होने का क्या कारण था?

(ग) अर्जुन ने अपना गुस्सा किस तरह प्रकट किया?

(घ) चिंतित युधिष्ठिर ने भीम को क्या आदेश दिया?

3 दीर्घ उत्तरीय प्रश्न

(क) चेतावनी को अनसुना करने का अर्जुन ने क्या परिणाम भुगता? विस्तार से बताइए।

(ख) जलाशय पर जाने के बाद भीम का क्या हाल हुआ?

(ग) उन कारणों का उल्लेख कीजिए, जिनसे युधिष्ठिर को स्वयं जलाशय तक जाना पड़ा?

20 यक्ष-प्रश्न

1 अतिलघु उत्तरीय प्रश्न

(क) तालाब पर क्या देखकर युधिष्ठिर चौंक पड़े?

(ख) आवाज़ सुनते ही युधिष्ठिर ने क्या अनुमान लगा लिया?

(ग) किस शास्त्र के अध्ययन से मनुष्य बुद्धिमान बनता है?

(घ) मरणासन्न वृद्ध व्यक्ति का साथी कौन होता है?

(ङ) अर्जुन ने इंद्रदेव से कौन-सा अस्त्र प्राप्त किया?

2 लघु उत्तरीय प्रश्न

(क) संसार में सबसे बड़ा आश्चर्य क्या है?

(ख) युधिष्ठिर के जवाब से संतुष्ट यक्ष ने उनसे क्या कहा?

(ग) तेरहवाँ वर्ष बिताने के बारे में युधिष्ठिर ने अर्जुन से क्या पूछा?

3 दीर्घ उत्तरीय प्रश्न

(क) युधिष्ठिर, नकुल को जीवित क्यों करवाना चाहते थे?

(ख) यक्ष ने युधिष्ठिर को क्या आशीर्वाद दिया?

(ग) अर्जुन ने तेरहवाँ वर्ष कहाँ और कैसे बिताने का सुझाव दिया?

21 अज्ञातवास

1 अतिलघु उत्तरीय प्रश्न

(क) अज्ञातवास बिताने के लिए पांडव कहाँ गए?

(ख) द्रौपदी किस रूप में अज्ञातवास बिता रही थी?

(ग) युधिष्ठिर ने भीम को क्या चेतावनी दी?

(घ) विराट को शत्रुओं के बंधन से किसने छुड़ाया?

2 लघु उत्तरीय प्रश्न

(क) दुर्योधन की बात का समर्थन सुशर्मा ने क्यों किया?

(ख) विराट को सांत्वना देते हुए कंक (युधिष्ठिर) ने क्या कहा?

(ग) अर्जुन ने राजकुमार उत्तर का हौसला किस तरह बढ़ाया?

(घ) कौरव-सेना ने कैसे जान लिया कि पांडव आ गए हैं?

3 दीर्घ उत्तरीय प्रश्न

(क) पांडव अज्ञातवास का समय कहाँ और कैसे बिता रहे थे?

(ख) कीचक कौन था? उसकी प्रसिद्धि का क्या कारण था?

(ग) सुशर्मा के साथ हुए युद्ध में विराट की मदद किसने और कैसे की?

22 प्रतिज्ञा-पूर्ति

1 अतिलघु उत्तरीय प्रश्न

(क) कर्ण को बढ़-चढ़कर बातें करता देख कृपाचार्य ने क्या प्रतिक्रिया प्रकट की?

(ख) कौरव-सेना के वीरों को आपस में झगड़ते देख भीष्म ने क्या कहा?

(ग) अर्जुन के रण-कौशल का कर्ण पर क्या प्रभाव पड़ा?

(घ) कौरव सेना के पाँचों महारथी कौन-कौन थे?

(ङ) अंत में दुर्योधन ने भीष्म की कौन-सी सलाह मान ली?

2 लघु उत्तरीय प्रश्न

(क) अर्जुन से मिलकर मुकाबला करने की बात पर कर्ण ने आचार्य की किस प्रकार चुटकी ली?

(ख) अर्जुन और दुर्योधन के बीच हुए मुकाबले का क्या परिणाम हुआ?

(ग) अर्जुन ने इस विजय का श्रेय किसे दिया और कैसे?

3 दीर्घ उत्तरीय प्रश्न

(क) कर्ण किस प्रकार डींगे मार रहा था?

(ख) प्रतिज्ञा पूरी होने के समय के संबंध में भीष्म ने दुर्योधन को क्या समझाया?

(ग) अर्जुन ने किस तरह कौरव-वीरों के छक्के छुड़ाए?

23 विराट का भ्रम

1 अतिलघु उत्तरीय प्रश्न

(क) राजकुमार उत्तर के बारे में राजा विराट को क्या बताया गया?

(ख) उत्तर का सारथी बनकर कौन गया था?

(ग) राजा विराट को किस बात पर विश्वास नहीं हो रहा था?

(घ) बृहन्नला का नाम सुनकर क्रोधित विराट ने क्या किया?

(ङ) युधिष्ठिर के मुँह पर चोट किस प्रकार लगी?

2 लघु उत्तरीय प्रश्न

(क) राजा विराट को दूतों ने आकर क्या बताया?

(ख) राजा विराट कंक (युधिष्ठिर) पर क्रोधित क्यों हो उठे?

(ग) उत्तर ने अपने पिता से क्या आग्रह किया और क्यों?

(घ) दुर्योधन के दूतों ने युधिष्ठिर से क्या कहा?

3 दीर्घ उत्तरीय प्रश्न

(क) दूत की किस बात का राजा विराट को विश्वास नहीं हो रहा था? वे अपनी खुशी किस तरह प्रकट कर रहे थे?

(ख) युधिष्ठिर ने द्वारपाल से केवल उत्तर को अंदर भेजने की बात क्यों कही?

(ग) पांडवों का असली परिचय पाने पर राजा विराट की क्या प्रतिक्रिया रही?

24 मंत्रणा

1 अतिलघु उत्तरीय प्रश्न

(क) तेरहवाँ वर्ष पूरा होने पर पांडव कहाँ रहने लगे?

(ख) अभिमन्यु का विवाह किसके साथ हुआ?

(ग) सात्यकि किसका हितैषी था?

(घ) राजा द्रुपद ने किसका समर्थन किया?

(ङ) राजा शल्य की सेना कितनी बड़ी थी?

(च) शल्य ने किसकी रक्षा का वचन दिया?

2 लघु उत्तरीय प्रश्न

(क) पांडवों की मदद के लिए पांचालराज द्रुपद के साथ कौन-कौन आए?

(ख) पांडव पक्ष के लोग धृतराष्ट्र के पास दूत क्यों भेजना चाहते थे?

(ग) अर्जुन ने अपनी मदद के लिए किसे चुना और क्यों?

(घ) तटस्थ रहने की बात किसने व क्यों कही?

3 दीर्घ उत्तरीय प्रश्न

(क) बलराम की कौन-सी बातें सुनकर सात्यकि क्रोधित हो उठे?

(ख) दुर्योधन व अर्जुन का श्रीकृष्ण के पास आने के कारण को अपने शब्दों में स्पष्ट कीजिए।

(ग) श्रीकृष्ण को अर्जुन का सारथी बनने के उपरांत भी दुर्योधन इतना खुश क्यों हो रहा था?

(घ) दुर्योधन ने राजा शल्य को अपनी ओर किस तरह मिला लिया?

25 राजदूत संजय

1 अतिलघु उत्तरीय प्रश्न

(क) पांडव और कौरवों ने कितनी-कितनी सेना एकत्र कर ली थी?

(ख) दूत का संदेश सुनकर विवेकशील भीष्म ने क्या कहा?

(ग) भीष्म के क्रोध का क्या कारण था?

(घ) श्रीकृष्ण स्वयं हस्तिनापुर क्यों जाना चाहते थे?

(ङ) धृतराष्ट्र ने संधि के संबंध में दुर्योधन को क्या समझाया?

(च) धृतराष्ट्र के दूसरे प्राण की संज्ञा किसे दी गई है?

2 लघु उत्तरीय प्रश्न

(क) पांचालराज के पुरोहित (दूत) ने किस तरह संधि का प्रस्ताव रखा?

(ख) कर्ण को संधि प्रस्ताव क्यों नहीं भा रहा था?

(ग) युधिष्ठिर ने अपने संधि प्रस्ताव में धृतराष्ट्र को क्या कहलवाया?

(घ) धृतराष्ट्र ने अपने पुत्रों को समझाने का किस तरह प्रयास किया?

3 दीर्घ उत्तरीय प्रश्न

(क) संजय से युधिष्ठिर का संधि प्रस्ताव सुनकर, भीष्म ने दुर्योधन को दोबारा कैसे समझाया?

(ख) दोनों ओर के दूतों के प्रयास क्यों असफल हो रहे थे? इसके लिए आप दुर्योधन को कितना उत्तरदायी मानते हैं? (मूल्यपरक प्रश्न)

26 शांतिदूत श्रीकृष्ण

1 अतिलघु उत्तरीय प्रश्न

(क) श्रीकृष्ण किस उद्देश्य से हस्तिनापुर गए?

(ख) श्रीकृष्ण को ठहराने का प्रबंध कहाँ किया गया?

(ग) कुंती, श्रीकृष्ण की प्रतीक्षा कहाँ कर रही थी?

(घ) दुर्योधन ने भोजन का न्यौता किसे दिया?

(ङ) कुंती गंगा किनारे क्यों गई?

2 लघु उत्तरीय प्रश्न

(क) शांतिदूत श्रीकृष्ण ने सभा में अपनी बात किस तरह रखी?

(ख) श्रीकृष्ण ने दुर्योधन को क्या समझाया?

(ग) श्रीकृष्ण की बातों को समर्थन मिलता देखकर दु:शासन ने दुर्योधन से क्या कहा?

(घ) सभा से निकलकर दुर्योधन ने किसके विरुद्ध षड्यंत्र रचा एवं क्यों?

(घ) कुंती की चिंता क्यों बढ़ गई?

3 दीर्घ उत्तरीय प्रश्न

(क) भीष्म और द्रोण ने दुर्योधन को किस तरह समझाने का प्रयास किया?

(ख) धृतराष्ट्र ने विदुर से गांधारी को बुलाने के लिए क्यों कहा?

(ग) गंगा तट पर हुई कुंती और कर्ण की मुलाकात का संक्षिप्त वर्णन कीजिए।

27 पांडवों और कौरवों के सेनापति

1 अतिलघु उत्तरीय प्रश्न

(क) श्रीकृष्ण ने हस्तिनापुर का हाल किसे सुनाया?

(ख) पांडवों की सेना का नायक किसे बनाया गया?

(ग) महाभारत के युद्ध में कौन-से दो राजा तटस्थ रहे?

(घ) अर्जुन ने रुक्मी से क्या कहा?

2 लघु उत्तरीय प्रश्न

(क) पांडव-सेना को कितने हिस्सों में बाँटा गया? उनके नायक कौन-कौन थे?

(ख) कर्ण ने क्या हठ कर लिया था?

(ग) वासुदेव की मित्रता पाने के लिए रुक्मी ने क्या किया?

(घ) रुक्मी कौन था एवं वह किस उद्देश्य से कुरुक्षेत्र गया था?

(ङ) कौरवों की व्यूह रचना देख युधिष्ठिर ने अर्जुन को क्या आज्ञा दी?

(च) एकाएक पांडव सेना में हलचल क्यों मच गई?

3 दीर्घ उत्तरीय प्रश्न

(क) कौरव-सेना के नायक भीष्म युद्ध में उत्साहपूर्वक भाग क्यों नहीं ले रहे थे?

(ख) रणक्षेत्र में युधिष्ठिर ने पितामह भीष्म का आशीर्वाद किस तरह प्राप्त किया?

(ग) युद्ध शुरू होने से पूर्व युधिष्ठिर ने और किन-किन का आशीर्वाद प्राप्त किया? इससे आपको क्या शिक्षा मिलती है? (मूल्यपरक प्रश्न)

28 पहला, दूसरा और तीसरा दिन

1 अतिलघु उत्तरीय प्रश्न

(क) दोनों सेनाओं के अग्रभागों पर कौन-कौन रहते थे?

(ख) पांडव पक्ष में दूसरे दिन की व्यूह-रचना किसने की?

(ग) किसके द्वारा छोड़े गए बाण ने भीष्म के सारथी को मार गिराया?

(घ) दूसरे दिन कौरव-वीर पश्चिम की ओर क्यों देख रहे थे?

(ङ) तीसरे दिन के युद्ध का क्या परिणाम रहा?

2 लघु उत्तरीय प्रश्न

(क) पहले दिन के युद्ध के बाद दोनों पक्षों की स्थिति किस तरह भिन्न थी?

(ख) कौरव-सेना के कौन-कौन से वीर अर्जुन का मुकाबला करने में सक्षम थे तथा दूसरे दिन के युद्ध में अर्जुन इन वीरों में से किससे युद्ध कर रहे थे?

(ग) अर्जुन ने श्रीकृष्ण के क्रोध को किस तरह शांत किया?

3 दीर्घ उत्तरीय प्रश्न

(क) दुर्योधन के सारथी की सोच उसकी सेना पर किस तरह भारी पड़ गई?

(ख) अस्त्र-शस्त्र न उठाने की प्रतिज्ञा करने वाले श्रीकृष्ण इस प्रतिज्ञा को तोड़ने के लिए क्यों विवश हो गए?

29 चौथा, पाँचवाँ और छठा दिन

1 अतिलघु उत्तरीय प्रश्न

(क) चौथे दिन की लड़ाई में दुर्योधन के कितने भाई मारे गए?

(ख) घटोत्कच कौन था?

(ग) दुर्योधन की चिंता का क्या कारण था?

(घ) छठे दिन के अंत में कौन-सा पक्ष किस पर भारी पड़ा?

2 लघु उत्तरीय प्रश्न

(क) घटोत्कच के क्रोध का कारण क्या था?

(ख) धृतराष्ट्र की बढ़ती व्यथा का क्या कारण था?

(ग) पाँचवें दिन के युद्ध का संक्षिप्त वर्णन कीजिए।

3 दीर्घ उत्तरीय प्रश्न

(क) चौथे दिन का युद्ध देखकर दुर्योधन इतना दु:खी क्यों हो गया?

(ख) कृपाचार्य ने दुर्योधन की जान किस तरह बचाई?

30 सातवाँ, आठवाँ और नवाँ दिन

1 अतिलघु उत्तरीय प्रश्न

(क) सातवें दिन के युद्ध की क्या विशेषता थी?

(ख) नकुल और सहदेव किस पर बाण बरसा रहे थे?

(ग) आठवें दिन भीम के हाथों धृतराष्ट्र के कितने पुत्र मारे गए?

(घ) अभिमन्यु किसके साथ युद्ध कर रहा था?

2 लघु उत्तरीय प्रश्न

(क) आठवें दिन की किस घटना ने अर्जुन को शोक-विह्वल कर दिया?

(ख) नवें दिन अर्जुन और श्रीकृष्ण दोनों ही बहुत दु:खी हुए, क्यों?

3 दीर्घ उत्तरीय प्रश्न

(क) सातवें दिन के युद्ध का वर्णन करते हुए बताइए कि इस दिन किन-किन वीरों को अपनी जान से हाथ धोना पड़ा?

(ख) इरावान की मृत्यु का बदला घटोत्कच ने कैसे लिया?

31 भीष्म शर-शय्या पर

1 अतिलघु उत्तरीय प्रश्न

(क) दसवें दिन पांडवों ने किसे आगे किया था?

(ख) शक्ति-अस्त्र विफल होने पर भीष्म ने क्या जान लिया?

(ग) पितामह को किसके मुख पर भय की छाया-सी दिखाई दी?

(घ) कर्ण के तर्कों को सुनकर भीष्म ने क्या कहा?

2 लघु उत्तरीय प्रश्न

(क) भीष्म पितामह अर्जुन द्वारा बरसाए जा रहे बाणों का जवाब क्यों नहीं दे रहे थे?

(ख) अर्जुन ने भीष्म पितामह की प्यास किस प्रकार बुझाई?

(ग) कर्ण को रणक्षेत्र में देखकर दुर्योधन ने कैसा महसूस किया?

3 दीर्घ उत्तरीय प्रश्न

(क) अर्जुन ने भीष्म पितामह को कैसे पराजित किया?

(ख) पितामह ने किस तरह कर्ण को पांडवों के पक्ष में करने का प्रयास किया?

32 बारहवाँ दिन

1 अतिलघु उत्तरीय प्रश्न

(क) युधिष्ठिर को पकड़ने की योजना विफल होने पर कौरवों ने क्या निश्चय किया?

(ख) बारहवें दिन द्रोणाचार्य किस चेष्टा में विफल रहे?

(ग) युधिष्ठिर ने अपने वीरों को क्या आज्ञा दी?

(घा) वृषक और अचक कौन थे?

2 लघु उत्तरीय प्रश्न

(क) पांडवों ने भगदत्त पर हमला क्यों कर दिया?

(ख) अर्जुन को भगदत्त पर क्रोध क्यों आया?

(ग) अपने भाइयों के मारे जाने पर शकुनि की क्या प्रतिक्रिया हुई?

3 दीर्घ उत्तरीय प्रश्न

(क) अर्जुन द्वारा भगदत्त को पराजित करने का वर्णन कीजिए।

(ख) वृषक और अचक ने अर्जुन को किस तरह परेशान किया?

33 अभिमन्यु

1 अतिलघु उत्तरीय प्रश्न

(क) द्रोणाचार्य ने व्यूह रचना कब की?

(ख) द्रोणाचार्य के आक्रमण को रोकने की कोशिश किन-किन महारथियों ने की?

(ग) तेरहवें दिन पांडव महारथियों के चिंतित होने का क्या कारण था?

(घ) अभिमन्यु ने सारथी से रथ को किधर ले चलने के लिए कहा?

(ङ) जयद्रथ कौन था?

(च) दुर्योधन के आदेश पर किन-किन कौरव-वीरों ने अभिमन्यु को घेर लिया?

2 लघु उत्तरीय प्रश्न

(क) तेरहवें दिन युधिष्ठिर अभिमन्यु को बुलाने के लिए क्यों विवश हो गए?

(ख) पांडव-सेना चक्रव्यूह के भीतर क्यों न जा सकी?

(ग) अभिमन्यु को पराजित करने के लिए कर्ण को द्रोण ने क्या बताया?

(घ) अर्जुन ने आर्त स्वर में दृढ़तापूर्वक क्या प्रतिज्ञा ली?

3 दीर्घ उत्तरीय प्रश्न

(क) अभिमन्यु द्वारा किए गए वीरतापूर्ण युद्ध का वर्णन कीजिए।

(ख) अर्जुन किन-किन महारथियों को परास्त कर जयद्रथ तक पहुँचा और कैसे?

(ग) कौरव सेनापतियों ने अन्यायपूर्वक अभिमन्यु का वध किया। स्पष्ट कीजिए।

34 युधिष्ठिर की चिंता और कामना

1 अतिलघु उत्तरीय प्रश्न

(क) द्रोणाचार्य को रोके रखने के लिए धृष्टद्युम्न ने क्या किया?

(ख) धृष्टद्युम्न पर चलाए बाण को किसने रोककर उसकी रक्षा की?

(ग) द्रोणाचार्य के हमले का पांडव-सेना पर क्या असर हुआ?

(घ) किसके साथ हुए युद्ध में दुर्योधन को मैदान छोड़कर भागना पड़ा?

(ङ) कर्ण ने भीमसेन की झपट से स्वयं को कैसे बचा लिया?

2 लघु उत्तरीय प्रश्न

(क) सात्यकि ने किस तरह धृष्टद्युम्न के प्राणों की रक्षा की?

(ख) युधिष्ठिर ने धृष्टद्युम्न से किसकी सहायता करने के लिए कहा और क्यों?

(ग) सिंहनादों को सुनकर युधिष्ठिर अत्यधिक प्रसन्न क्यों हो गए?

(घ) द्रोणाचार्य ने दुर्योधन को युद्ध-मैदान में क्यों भेजा?

(ङ) कर्ण के चरित्र से आपको क्या शिक्षा मिलती है? (मूल्यपरक प्रश्न)

(च) कर्ण द्वारा माता कुंती को दिया गया वचन क्या था?

3 दीर्घ उत्तरीय प्रश्न

(क) भीम रणक्षेत्र में युधिष्ठिर को अकेले छोड़कर क्यों नहीं जाना चाहते थे तथा वे युधिष्ठिर को किसके भरोसे छोड़कर गए?

(ख) पांचजन्य ध्वनियों को सुनकर युधिष्ठिर पर क्या असर हुआ?

35 भूरिश्रवा, जयद्रथ और आचार्य द्रोण का अंत

1 अतिलघु उत्तरीय प्रश्न

(क) भूरिश्रवा को देखकर अर्जुन ने श्रीकृष्ण से क्या कहा?

(ख) अर्जुन ने क्या प्रतिज्ञा कर रखी थी?

(ग) श्रीकृष्ण ने अर्जुन को क्या चेतावनी दी?

(घ) अर्जुन के बाण से जयद्रथ का सिर कहाँ जा गिरा?

(ङ) द्रोणाचार्य का वध किसने किया?

2 लघु उत्तरीय प्रश्न

(क) अर्जुन किस भारी असमंजस में पड़े थे?

(ख) न चाहते हुए भी अर्जुन को भूरिश्रवा पर बाण क्यों चलाना पड़ा?

(ग) दोनों पक्षों के वीर सूर्य की ओर बार-बार क्यों देखने लगे?

(घ) दुर्योधन और जयद्रथ आनंदित क्यों हो रहे थे?

(ङ) द्रोणाचार्य विचलित क्यों हो उठे?

3 दीर्घ उत्तरीय प्रश्न

(क) अर्जुन ने अपनी प्रतिज्ञा कैसे पूरी की?

(ख) कर्ण ने अर्जुन को मारने के लिए सुरक्षित शक्ति का प्रयोग घटोत्कच पर क्यों किया?

(ग) द्रोणाचार्य को किस तरह कुचक्र रचकर पराजित किया गया?

36 कर्ण और दुर्योधन भी मारे गए

1 अतिलघु उत्तरीय प्रश्न

(क) द्रोण के मारे जाने पर कौरव पक्ष का सेनापति किसे बनाया गया?

(ख) अर्जुन को अचानक क्रोध क्यों आया?

(ग) युद्ध क्षेत्र में कर्ण अचानक क्यों घबरा गए?

(घ) कर्ण की मृत्यु का दुर्योधन पर क्या असर हुआ?

(ङ) कर्ण के मारे जाने पर कौरव पक्ष का सेनापति किसे नियुक्त किया गया?

(च) शल्य पर किसने आक्रमण किया?

2 लघु उत्तरीय प्रश्न

(क) भीम ने अपनी प्रतिज्ञा कैसे पूरी की?

(ख) कर्ण ने अर्जुन से क्या कहकर रुकने के लिए कहा?

(ग) कर्ण के मारे जाने पर कृपाचार्य ने दुर्योधन को क्या सलाह दी?

(घ) शकुनि किस तरह मारा गया?

(ङ) व्यथित दुर्योधन को युधिष्ठिर ने कौन-सी बात याद दिलाई?

3 दीर्घ उत्तरीय प्रश्न

(क) श्रीकृष्ण ने कर्ण के बाण से अर्जुन को किस तरह बचाया?

(ख) अर्जुन ने कर्ण का वध कैसे किया?

(ग) भीम और दुर्योधन के मध्य हुए युद्ध का वर्णन कीजिए।

37 अश्वत्थामा

1 अतिलघु उत्तरीय प्रश्न

(क) अश्वत्थामा किस कुचक्र को नहीं भूल पाया था?

(ख) अश्वत्थामा ने क्या प्रतिज्ञा की?

(ग) अश्वत्थामा की प्रतिज्ञा का दुर्योधन पर क्या प्रभाव पड़ा?

(घ) द्रौपदी ने अश्वत्थामा के बारे में युधिष्ठिर से क्या कहा?

(ङ) पांडवों को अश्वत्थामा कहाँ मिला?

(च) अश्वत्थामा का साथ किसने दिया?

2 लघु उत्तरीय प्रश्न

(क) कृपाचार्य के व्यथित होने का क्या कारण था?

(ख) अश्वत्थामा से उसका कुकृत्य सुनकर दुर्योधन ने उससे क्या कहा?

(ग) भीम ने अश्वत्थामा से किस तरह बदला लिया?

(घ) युद्ध समाप्ति के बाद हस्तिनापुर के हृदय विदारक दृश्य का संक्षिप्त चित्रण कीजिए।

3 दीर्घ उत्तरीय प्रश्न

(क) अश्वत्थामा द्वारा पांडवों को मारने के लिए बनाई गई योजना क्या थी एवं यह योजना कब व कैसे बनाई?

(ख) अश्वत्थामा ने पांडव शिविर में किस तरह विनाश लीला की?

38 युधिष्ठिर की वेदना

1 अतिलघु उत्तरीय प्रश्न

(क) धृतराष्ट्र के हाव-भाव से श्रीकृष्ण ने क्या अनुमान लगा लिया?

(ख) श्रीकृष्ण ने भीम की जगह धृतराष्ट्र के पास किसे खड़ा कर दिया?

(ग) धृतराष्ट्र दु:खी होकर विलाप क्यों करने लगे?

(घ) धृतराष्ट्र ने अपने सौ पुत्रों की मृत्यु को किसके समान माना?

2 लघु उत्तरीय प्रश्न

(क) भीम की प्रतिमा को सीने से लगाने पर धृतराष्ट्र के मन में क्या विचार आया?

(ख) श्रीकृष्ण ने धृतराष्ट्र को किस तरह धीरज बँधाया?

(ग) गांधारी को द्रौपदी पर दया क्यों आई?

3 दीर्घ उत्तरीय प्रश्न

(क) श्रीकृष्ण ने भीम को धृतराष्ट्र के क्रोध से कैसे बचाया?

(ख) वन जाने का विचार बना बैठे युधिष्ठिर को लोगों ने कैसे समझा-बुझाकर मनाया?

(ग) पितामह भीष्म और धृतराष्ट्र ने युधिष्ठिर को राजधर्म का ज्ञान कैसे दिया?

39 पांडवों का धृतराष्ट्र के प्रति व्यवहार

1 अतिलघु उत्तरीय प्रश्न

(क) राजा बनने के बाद युधिष्ठिर ने अपने भाइयों को क्या आज्ञा दे रखी थी?

(ख) किसकी बातों से धृतराष्ट्र के हृदय को चोट पहुँचती थी?

(ग) धृतराष्ट्र के साथ कौन-कौन वन को गए?

(घ) धृतराष्ट्र ने कितने वर्षों तक तपस्वियों-सा जीवन बिताया?

2 लघु उत्तरीय प्रश्न

(क) धृतराष्ट्र को अपने पुत्रों की कमी महसूस न हो, इसके लिए पांडव क्या करते थे?

(ख) भीम का व्यवहार अन्य भाइयों से किस तरह अलग था?

(ग) गांधारी भीम की बातों का बुरा क्यों नहीं मानती थी?

(घ) धृतराष्ट्र ने वन-गमन की अनुमति पाने के लिए विदुर और आचार्य से क्या कहा?

3 दीर्घ उत्तरीय प्रश्न

(क) भीम, धृतराष्ट्र और गांधारी को कटु बातें क्यों कह दिया करता था?

(ख) धृतराष्ट्र ने अपने वन-गमन के लिए युधिष्ठिर को किन तर्कों का हवाला दिया?

(ग) वन-गमन की बात सुनकर युधिष्ठिर ने अपनी वेदना किस तरह प्रकट की?

40 श्रीकृष्ण और युधिष्ठिर

1 अतिलघु उत्तरीय प्रश्न

(क) महाभारत के युद्ध के बाद श्रीकृष्ण के सुशासन में यदुवंश की स्थिति कैसी थी?

(ख) बलराम की मृत्यु का क्या कारण था?

(ग) श्रीकृष्ण ध्यानमग्न क्यों हो गए?

(घ) युधिष्ठिर के बाद हस्तिनापुर का राजा कौन बना?

2 लघु उत्तरीय प्रश्न

(क) यदुवंश किन कारणों से समाप्त हो गया?

(ख) पांडवों के मन में सांसारिक जीवन से विराग क्यों छा गया?

3 दीर्घ उत्तरीय प्रश्न

(क) श्रीकृष्ण की मृत्यु कैसे हुई?

(ख) श्रीकृष्ण की मृत्यु से पांडवों के मन पर क्या असर हुआ एवं उन्होंने क्या करने का निश्चय किया?

अध्याय 1

भाषा, लिपि और व्याकरण

1 सही विकल्प पर सही (✓) का निशान लगाइए।

(क) भाषा के कितने रूप हैं?

(i) दो (ii) तीन

(iii) चार (iv) एक

(ख) लिखकर भाव एवं विचार व्यक्त करने वाली भाषा

(i) मौखिक भाषा (ii) लिखित भाषा

(iii) सांकेतिक भाषा (iv) इनमें से कोई नहीं

(ग) 'मनोज किताब पढ़ रहा है'—यह भाषा का रूप है

(i) सांकेतिक रूप (ii) लिखित रूप

(iii) मौखिक रूप (iv) वैदिक रूप

(घ) भारत में भाषाएँ बोली जाती हैं

(i) अनेक (ii) कम

(iii) ज्यादा (iv) इनमें से कोई नहीं

2 निम्नलिखित वाक्यों में सही के सामने सही (✓) और गलत के सामने गलत (×) का चिह्न लगाइए।

(क) भाषा हमारे भाव-विचार व्यक्त करने का साधन है। ☐

(ख) अंग्रेज़ी की लिपि देवनागरी है। ☐

(ग) भाषा के तीन रूप होते हैं। ☐

(घ) फ़ोन पर बातें करना मौखिक भाषा का उदाहरण है। ☐

(ङ) मौखिक भाषा अत्यंत प्रयास से सीखी जाती है। ☐

3 निम्नलिखित वाक्यों में रिक्त स्थानों की पूर्ति कीजिए।

(क) ____________ की लिपि देवनागरी है। (उर्दू/हिंदी)

(ख) बोलकर कही गई बातों को ____________ कहते हैं। (लिखित/मौखिक भाषा)

(ग) अध्यापिका का श्यामपट पर लिखना भाषा का ____________ रूप है। (मौखिक/लिखित)

(घ) भाषा के बिना हम ____________ का आदान-प्रदान नहीं कर सकते। (विचारों/उन्नति)

4 नीचे कुछ भाषाएँ दी गई हैं। आप उनकी लिपियों के नाम उनके सामने लिखिए।

भाषा	लिपि
(क) हिंदी	____________
(ख) अंग्रेज़ी	____________
(ग) संस्कृत	____________
(घ) पंजाबी	____________
(ङ) मराठी	____________

5 नीचे कुछ वाक्य दिए गए हैं। इनमें भाषा के जिस रूप का प्रयोग हुआ है, उसे वाक्य के सामने लिखिए।

(क) मयंक अपने मित्र को पत्र लिख रहा है। ____________

(ख) दादी जी कहानियाँ सुना रही हैं। ____________

(ग) गायिका गीत गा रही है। ____________

(घ) पिताजी अख़बार पढ़ रहे हैं। ____________

(ङ) पुनीत रेडियो पर मन की बात सुन रहा है। ____________

6 निम्नलिखित अशुद्ध वाक्यों को व्याकरण के अनुसार शुद्ध करके पुनः लिखिए।

अशुद्ध	शुद्ध
(क) यह पहाड़ी ऊँचा है।	____________
(ख) मेरे को पिताजी ने बुलाया है।	____________
(ग) गाय हरी घास खाता है।	____________
(घ) मुझको आज स्कूल नहीं जाना है।	____________

[अध्याय 2]

वर्ण-विचार

1 नीचे दिए गए बॉक्स में स्वरों की मात्राएँ दी गई हैं। सही मात्रा को उसके स्वर के सामने दिए गए स्थान पर अंकित कीजिए।

ौ, ु, े, ृ, ी, ा, ि

स्वर	मात्रा
(क) आ	....
(ख) इ	....
(ग) ई	....
(घ) ऋ	....
(ङ) उ	....
(च) ऐ	....
(छ) औ	....

2 निम्नलिखित शब्द 'निरनुनासिक स्वर' से निर्मित हैं, इन शब्दों में 'अनुनासिक स्वर' का प्रयोग करते हुए नए शब्द बनाइए।

निरनुनासिक	अनुनासिक
(क) आँख	....
(ख) चाँद	....
(ग) साँस	....
(घ) हँस	....
(ङ) चिड़ियाँ	....

3 उचित मिलान कीजिए।

(क) ऋ	(i) दीर्घ स्वर
(ख) ओ	(ii) अनुनासिक
(ग) अं	(iii) ह्रस्व स्वर
(घ) अँ	(iv) स्पर्श व्यंजन
(ङ) प	(v) अयोगवाह/अनुस्वार

4 'श्र' और 'श्रृ' का प्रयोग करते हुए तीन-तीन शब्द बनाइए।

श्र ______ ______ ______

श्रृ ______ ______ ______

5 निम्नलिखित शब्दों को 'अनुस्वार' का उचित प्रयोग करते हुए लिखिए।

(क) शकर (ख) चचल

(ग) घटी (घ) हिंदी

(ङ) आरभ

6 नीचे दिए गए वर्णों का संयोजन कर वाक्य बनाइए।

(क) व् + इ + ख् + य + आ + त् + अ = ______

(ख) क् + ऋ + प् + आ + ल् + उ = ______

(ग) च् + औ + क् + अ + न् + न् + आ = ______

(घ) ड् + र् + आ + म् + आ = ______

(ङ) द् + अ + क् + श् + इ + ण् + अ = ______

6 निम्नलिखित शब्दों का वर्ण-विच्छेद कीजिए।

शब्द	वर्ण-विच्छेद
(क) सरदार	______
(ख) प्रकाश	______
(ग) कमल	______
(घ) लोचन	______
(ङ) पुस्तक	______

शब्द-विचार

1 निम्नलिखित वाक्यों में सही के सामने सही (✓) और गलत के सामने गलत (✗) का चिह्न लगाइए।

(क) 'हाथ' तद्भव शब्द है। ☐

(ख) 'कुपुत्र' तत्सम शब्द है। ☐

(ग) 'बकरी' निरर्थक शब्द है। ☐

(घ) 'खट-पट' सार्थक शब्द है। ☐

(ङ) 'समोसा' देशज शब्द है। ☐

2 निम्नलिखित वाक्यों में रिक्त स्थानों की पूर्ति कीजिए।

(क) 'पत्र' का सही तद्भव शब्द ________ है। (पत्ता/समाचार पत्र)

(ख) अपने देश के शब्दों को ________ कहते हैं। (देशी/विदेशी)

(ग) पाठशाला ________ है। (यौगिक शब्द/संयुक्त शब्द)

(घ) पंकज ________ है। (योगरूढ़ शब्द/यौगिक शब्द)

(ङ) डॉक्टर ________ का उदाहरण है। (देशी शब्द/विदेशी शब्द)

3 जोड़े मिलाइए।

(क) किताब	(i) यौगिक शब्द
(ख) वृक्ष	(ii) फ़ारसी
(ग) देवालय	(iii) रूढ़ शब्द
(घ) लंबोदर	(iv) तत्सम् शब्द
(ङ) सूर्य	(v) देशी शब्द

4 नीचे दिए गए तद्भव शब्दों के तत्सम रूप उनके सामने लिखिए।

तद्भव	तत्सम
(क) घर	
(ख) अँधेरा	
(ग) कान	
(घ) नाक	
(ङ) साँप	

5 निम्न में से तत्सम शब्द छाँटकर लिखिए।

(क) दरिदर, बारह, दाहिना, धैर्य

(ख) धौती, धतूरा, धान, ध्वनि

(ग) निंब, नाई, नारियल, नाक

(घ) निठुर, नक्षत्र, दोस, दुबला

(ङ) दूना, डोली, धरित्री धरम

6 सूची I (तत्सम) के शब्दों का सूची II (तद्भव) के शब्दों से उचित मिलान कीजिए।

तत्सम	तद्भव
(क) अग्नि	(i) आँसू
(ख) अश्रु	(ii) अंगूठा
(ग) अंध	(iii) ग्यारह
(घ) अंगुष्ठ	(iv) अंधा
(ङ) एकादश	(v) आग

उपसर्ग एवं प्रत्यय

1 **निम्नलिखित वाक्यों में सही के सामने सही (✓) तथा गलत के सामने गलत (✗) का चिह्न लगाइए।**

(क) उपसर्ग का प्रयोग शब्द से पहले जोड़कर करते हैं। ☐

(ख) प्रत्यय शब्दों के अंत में जुड़ते हैं। ☐

(ग) 'असफल' शब्द 'ल' प्रत्यय के जुड़ने से बना है। ☐

(घ) 'सफलता' शब्द में 'ता' प्रत्यय है। ☐

2 **निम्नलिखित वाक्यों में रिक्त स्थानों की पूर्ति कीजिए।**

(क) उपसर्ग किसी भी शब्द के ________ लगते हैं। (पीछे/आगे)

(ख) प्रत्यय किसी भी शब्द के ________ लगते हैं। (आगे/पीछे)

(ग) 'अध्यक्ष' शब्द में ________ उपसर्ग है। (अधि/अ)

(घ) 'सुजान' शब्द में ________ उपसर्ग है। (स/सु)

3 **नीचे कुछ मूल शब्द दिए गए हैं। उनमें उचित उपसर्ग लगाकर शब्द बनाइए।**

(क) ________ + नाथ ________ (ख) ________ + उत्तम ________

(ग) ________ + शब्द ________ (घ) ________ + दिन ________

(ङ) ________ + मान ________ (च) ________ + जीवन ________

4 **नीचे दिए गए मूल शब्दों के साथ प्रत्यय जोड़कर शब्द बनाइए।**

(क) भूख + आ ________ (ख) बूढ़ा + इया ________

(ग) लंबा + आई ________ (घ) बच्चा + पन ________

(ङ) चिकना + आहट ________ (च) भारत + ईय ________

5 नीचे दिए गए उपसर्गों से तीन-तीन शब्द बनाइए।

(क) अप ______ ______ ______

(ख) उप ______ ______ ______

(ग) आ ______ ______ ______

(घ) दुर् ______ ______ ______

(ङ) दुस् ______ ______ ______

6 निम्नलिखित प्रत्ययों का प्रयोग करते हुए दो-दो शब्द बनाइए।

(क) त्व ______ ______

(ख) ईन ______ ______

(ग) आपा ______ ______

(घ) इन ______ ______

(ङ) इया ______ ______

7 निम्नलिखित शब्दों में प्रयुक्त उपसर्ग और प्रत्यय पृथक् करते हुए मूल शब्द भी लिखिए।

शब्द	उपसर्ग	प्रत्यय	मूल शब्द
(क) असफलता	______	______	______
(ख) अमानवीय	______	______	______
(ग) अभिमानी	______	______	______
(घ) अपमानित	______	______	______
(ङ) अकाल्पनिक	______	______	______

8 निम्न में से 'उपसर्ग' शब्द छाँटकर लिखिए।

(क) सुनार, फलदार, गाड़ीवान, अनुराग

(ख) जादूगर, निरंजन, कोठार, पेटू

(ग) गुलाबी, गाड़ीवाला, धोबिन, प्रकट

(घ) संयोग, कर्तव्य, भिक्षुक, नयन

(अध्याय 5)

संधि

1 निम्नलिखित वाक्यों में सही के सामने सही (✓) और गलत के सामने गलत (✗) का चिह्न लगाइए।

(क) संधि का सामान्य अर्थ है–मेल।

(ख) 'नि:+उपाय' के योग से नि:उपाय शब्द बनता है।

(ग) संधि के चार भेद होते हैं।

(घ) पवन का संधि-विच्छेद पौ +अन होगा।

(ङ) 'विद्यालय' स्वर संधि का शब्द है।

2 निम्नलिखित वाक्यों में रिक्त स्थानों की पूर्ति कीजिए।

(क) ने + अन ________ । (नेअन/नयन)

(ख) 'श्रवण' शब्द का संधि-विच्छेद ________ है। (श्रो +अन/ क्ष+अन)

(ग) सत्+वाणी ________ । (सत्वाणी/सदवाणी)

(घ) उत्+नति ________ । (उन्नति/उतननि)

3 निम्नलिखित शब्दों को संधि के अनुसार उनके वर्ग में रखिए।

यथेष्ट, उल्लेख, राजर्षि, वागीश, मनोरथ, दुर्जन, षडानन, तथैव
निश्छल, स्वच्छ, नमस्ते, मनोहर, संतोष, नीरज, पवन, तन्मय

स्वर संधि	व्यंजन संधि	विसर्ग संधि

4 निम्नलिखित शब्दों की संधि करके उनके सामने लिखिए।

(क) मन: + बल ______ (ख) सम् + चय ______

(ग) उत् + हरण ______ (घ) सत् + जन ______

(ङ) प्रति + एक ______ (च) नि: + मल ______

5 निम्नलिखित शब्दों का संधि-विच्छेद करके उनके सामने स्वर संधि से संबंधित भेदों के नाम भी लिखिए।

(क) महात्मा ______ + ______ ______

(ख) लंकेश ______ + ______ ______

(ग) सदैव ______ + ______ ______

(घ) स्वागत ______ + ______ ______

(ङ) पवन ______ + ______ ______

6 निम्न संधि रूप के सही संधि-विच्छेद पर (✓) का निशान लगाइए।

(क) धर्मार्थ	(i) धर्म + अर्थ	(ii) धर्मा + अर्थ	(iii) ध + मार्थ	(iv) इनमें से कोई नहीं
(ख) योगीश्वर	(i) योग + ईश्वर	(ii) योगी + ईश्वर	(iii) यो + ईश्वर	(iv) ये सभी
(ग) चंद्रोदय	(i) चंद्रो + उदय	(ii) चंद्रो + ऊदय	(iii) चंद्र + उदय	(iv) चंद्र + ऊदय
(घ) तपोवन	(i) तप: + वन	(ii) तपो + वन	(iii) तप + वन	(iv) तप + उपवन
(ङ) कुशासन	(i) कु + शासन	(ii) कू + अनुशासन	(iii) कुश + आसन	(iv) इनमें से कोई नहीं

7 निम्न संधि-विच्छेद के सही संधि रूप पर (✓) का निशान लगाइए।

(क) नि: + आशा	(i) निआशा	(ii) निराशा	(iii) नि:राशा	(iv) इनमें से कोई नहीं
(ख) स्व + छंद	(i) स्वछंद	(ii) स्वाछंद	(iii) स्वच्छंद	(iv) स्वच्छांद
(ग) सर्व + उच्च	(i) सर्वोच्च	(ii) सर्वच्च	(iii) सर्वोंच्च	(iv) स्वाच्च
(घ) नष् + त	(i) नशट	(ii) नष्त	(iii) नश्ट	(iv) नष्ट

समास

1 निम्नलिखित वाक्यों में रिक्त स्थानों की पूर्ति कीजिए।

(क) 'गंगाजल' शब्द में पूर्वपद है ________ । (गंगा/जल)

(ख) माता-पिता में ________ समास है। (दंद्व/द्विगु)

(ग) 'नीलांबर' में ________ समास है। (कर्मधारय/तत्पुरुष)

(घ) 'पूजाघर' में ________ समास है। (संप्रदान तत्पुरुष/अपादान तत्पुरुष)

2 जोड़े मिलाइए।

सामासिक शब्द	समास का नाम
(क) पदप्राप्त	(i) करण तत्पुरुष
(ख) बिहारीरचित	(ii) संबंध तत्पुरुष
(ग) रसोईघर	(iii) कर्म तत्पुरुष
(घ) बलहीन	(iv) संप्रदान तत्पुरुष
(ङ) शिवभक्त	(v) अपादान तत्पुरुष

3 निम्नलिखित शब्दों के समास-विग्रह कर समास का नाम लिखिए।

समस्त पद	समास-विग्रह	समास का नाम
(क) गली-गली		
(ख) जलयान		
(ग) सप्तर्षि		
(घ) तिरंगा		
(ङ) लाल मिर्च		

4 नीचे दिए गए खाली स्थान को पूरा कीजिए।

समस्तपद	समस्तपद का विग्रह	समास का नाम
(क) प्रतिदिन		अव्ययीभाव समास
(ख) प्रयोगशाला	प्रयोग के लिए शाला	
(ग) महापुरुष	महान है जो पुरुष	
(घ) तिरंगा		द्विगु समास
(ङ) छल-कपट	छल और कपट	
(च) प्रधानमंत्री	मंत्रियों में प्रधान है जो	

5 नीचे दिए गए समास विग्रह का समस्त पद बनाइए।

समास विग्रह	समस्त-पद
(क) हाथ से लिखा हुआ	
(ख) देश के लिए भक्ति	
(ग) गुण से हीन	
(घ) महान है जो राजा	
(ङ) कनक के समान लता	
(च) धन और दौलत	

संज्ञा

1 निम्नलिखित वाक्यों में सही के सामने सही (✓) और गलत के सामने गलत (X) का चिह्न लगाइए।

(क) किसी व्यक्ति का नाम संज्ञा कहलाता है। ☐

(ख) संज्ञा के चार भेद होते हैं। ☐

(ग) व्यक्तिवाचक संज्ञा से हमें व्यक्तियों की जानकारी मिलती है। ☐

(घ) जातिवाचक संज्ञा शब्द अपने पूरे समूह या जाति के बारे में बताते हैं। ☐

(ङ) भाववाचक संज्ञा गुण, अवस्था, दशा आदि का ज्ञान कराती है। ☐

2 निम्नलिखित वाक्यों में आए संज्ञा शब्द पहचानकर उनके सामने लिखिए।

(क) छात्र विद्यालय जाते हैं। ______

(ख) लड़के छत पर पतंग उड़ाते हैं। ______

(ग) उपवन में सुंदर फूल खिले हैं। ______

(घ) आजकल सब्जियों की बिक्री बढ़ गई है। ______

(ङ) पुनीता और रौनक पत्र लिख रहे थे। ______

3 नीचे दिए गए शब्दों की भाववाचक संज्ञा बनाइए।

शब्द	भाववाचक संज्ञा	शब्द	भाववाचक संज्ञा
अपना	______	व्यक्ति	______
बच्चा	______	कवि	______
मानव	______	पराया	______
बुनना	______	पीसना	______

4 **निम्नलिखित शब्दों से भाववाचक संज्ञा बनाकर वाक्य प्रयोग कीजिए**
जैसे–चलना (चाल) लाल कार की चाल ज़्यादा तेज़ है।

	शब्द	**भाववाचक संज्ञा**	**वाक्य**
(क)	मीठा	________	________
(ख)	दूर	________	________
(ग)	काटना	________	________
(घ)	प्यासा	________	________
(ङ)	उदार	________	________
(च)	बूढ़ा	________	________

5 **निम्नलिखित वाक्यों में रिक्त स्थानों की पूर्ति कीजिए।**

(क) श्याम ________ संज्ञा शब्द है। (व्यक्तिवाचक/जातिवाचक)

(ख) 'लिखावट' शब्द ________ संज्ञा शब्द है। (भाववाचक/जातिवाचक)

(ग) 'बुढ़ापा' ________ संज्ञा शब्द है। (भाववाचक/जातिवाचक)

(घ) 'अध्यापक' शब्द ________ संज्ञा शब्द है। (जातिवाचक/व्यक्तिवाचक)

6 **सही विकल्प पर सही (✓) का निशान लगाइए।**

(क) मुख्य रूप से संज्ञा के कितने भेद हैं?
(i) दो (ii) तीन
(iii) चार (iv) पाँच

(ख) इनमें से कौन-सा संज्ञा का भेद नहीं है?
(i) व्यक्तिवाचक संज्ञा (ii) भाववाचक संज्ञा
(iii) कालवाचक संज्ञा (iv) जातिवाचक संज्ञा

(ग) 'क्रोध' शब्द है
(i) व्यक्तिवाचक संज्ञा (ii) जातिवाचक संज्ञा
(iii) भाववाचक संज्ञा (iv) इनमें से कोई नहीं

(घ) जो संज्ञा किसी जाति का बोध कराए वो कहलाती है
(i) जातिवाचक संज्ञा (ii) भाववाचक संज्ञा
(iii) व्यक्तिवाचक संज्ञा (iv) ये सभी

(ङ) व्यक्तिवाचक संज्ञा का उदाहरण है
(i) मिठास (ii) कालिमा
(iii) पटना (iv) पानी

संज्ञा के विकार

लिंग

1 नीचे दिए गए शब्दों के स्त्रीलिंग रूप बनाकर लिखिए।

शब्द	स्त्रीलिंग रूप	शब्द	स्त्रीलिंग रूप
(क) अध्यक्ष	______	(ख) शिष्य	______
(ग) भतीजा	______	(घ) बेटा	______
(ङ) जुलाहा	______	(च) पुजारी	______
(छ) ठाकुर	______	(ज) अध्यापक	______
(झ) भील	______	(ञ) नर	______

2 निम्नलिखित वाक्यों के रेखांकित अंशों के लिंग बदलकर वाक्य को पुनः लिखिए।

(क) <u>हिरण</u> हरी घास चर रहे थे।

______

(ख) <u>शिष्य</u> मौखिक वाचन कर रहे थे।

______

(ग) <u>हाथियों</u> का झुंड तालाब पर पानी पीने आया।

______

(घ) मेरा <u>बेटा</u> बड़ा <u>विद्वान्</u> है।

______

(ङ) <u>चूहे</u> फल कुतर रहे थे।

______

3 नीचे कुछ प्रत्यय दिए गए हैं। इनका प्रयोग करते हुए तीन-तीन स्त्रीलिंग शब्द बनाइए।

(i) आ ______, ______, ______ (ii) ई ______, ______, ______

(iii) इया ______, ______, ______ (iv) इन ______, ______, ______

(v) नी ______, ______, ______ (vi) इका ______, ______, ______

4 तीन-तीन शब्द लिखिए।

नित्य पुल्लिंग ______ ______ ______

नित्य स्त्रीलिंग ______ ______ ______

5 नीचे दिए गए वाक्यों में से स्त्रीलिंग शब्दों को चुनिए।

(क) सम्राट, विधुर, साध्वी, बैल

(ख) छात्र, भवदीय, सुत, बुढ़िया

(ग) ग्वालिन, नाग, राजपूत

वचन

1 निम्नलिखित वाक्यों के रिक्त स्थानों की पूर्ति कोष्ठक में दिए गए शब्दों से चुनकर कीजिए।

(क) पेड़ के नीचे ______ खेल रहे हैं। (लड़का/लड़के)

(ख) ______ शोर मचा रहे हैं। (बच्चा/बच्चे)

(ग) ______ शिकार पर टूट पड़े। (चीता/चीते)

(घ) ______ लोगों के बीच सेतु का काम करती हैं। (भाषा/भाषाएँ)

(ङ) हमारे देश में कई वैवाहिक ______ प्रचलित हैं। (रीतियाँ/रीति)

2 निम्न शब्दों के वचन बदलकर उनके सामने लिखिए।

(क) चरखा ______ (ख) पंखा ______

(ग) घोड़ा ______ (घ) गत्ता ______

(ङ) नदी ______ (च) नारी ______

(छ) खिड़की ______ (ज) घड़ी ______

(झ) साड़ी ______ (ञ) कहानी ______

(ट) आँख ______ (ठ) दीवार ______

3 निम्नलिखित वाक्यों में सही के सामने सही (✓) और गलत के सामने गलत (×) का चिह्न लगाइए।

(क) 'चिड़ियाँ' बहुवचन रूप है। ☐

(ख) वचन से हमें संज्ञा की संख्या का ज्ञान होता है। ☐

(ग) कुछ शब्द सदैव बहुवचन में प्रयुक्त होते हैं। ☐

(घ) 'गण', 'वर्ग', 'जन' आदि जोड़ने से शब्द एकवचन बन जाता है। ☐

(ङ) वचन की पहचान क्रिया द्वारा भी की जाती है। ☐

4 निम्नलिखित वाक्यों में रेखांकित अंश का वचन पहचानकर लिखिए।

वाक्य	वचन
(क) <u>पानी</u> बह रहा है।	________
(ख) <u>प्रधानमंत्री</u> भाषण दे रहे हैं।	________
(ग) <u>मछलियाँ</u> पानी में तैर रही हैं।	________
(घ) <u>हाथी</u> धीरे-धीरे चल रहे हैं।	________
(ङ) <u>मंदिर</u> में भीड़ बढ़ती ही जा रही थी।	________

कारक

1 निम्नलिखित वाक्यों के रिक्त स्थानों में उचित कारक चिह्न भरिए।

(क) यह चित्र मोहन ________ बनाया है। (से/ने)

(ख) आज वह बस ________ स्कूल गया है। (से/के लिए)

(ग) आजकल तालाब जल ________ भरे हैं। (से/के)

(घ) इस प्याले ________ चाय नहीं है। (में/पर)

(ङ) पक्षी घोंसले ________ उड़ चुके हैं। (को/से)

2 निम्नलिखित वाक्यों के कारक-चिह्नों की अशुद्धियों को दूर करते हुए पुनः लिखिए।

(क) आजकल पेड़ों पर पत्ते गिर रहे हैं।

____

(ख) गंगा हिमालय को निकलती है।

____

(ग) नदियाँ सागर पर मिलती हैं।

____

(घ) सरकार गरीबों से योजनाएँ बनाती है।

____

(ङ) उदिता ने चाकू में फल काटा।

____

3 नीचे दिए गए वाक्यों में से कारक चिह्न छाँटकर उसका नाम लिखिए।

	कारक चिह्न	कारक का नाम
(क) माँ ने खाना बनाया।	________	________
(ख) आसमान में पक्षी उड़ते हैं।	________	________
(ग) दादा जी बच्चों को रामायण पढ़ाते हैं।	________	________
(घ) उसने पेंसिल से चित्र बनाया।	________	________
(ङ) रुचि ने उसे पेंसिल दी।	________	________

[अध्याय 9]

सर्वनाम

1 निम्नलिखित वाक्यों में सर्वनाम शब्द छाँटकर उसके भेद लिखिए।

(क) राम ने उसे मिठाई दी।

(ख) दादी माँ मुझे कहानी सुनाएँगी।

(ग) तुम इन पेड़ों को पानी दे देना।

(घ) पल्लवी को कोई बुला रहा है।

(ङ) मरीज अपने आप चला जाएगा।

2 निम्नलिखित सर्वनामों को उनके भेद के साथ मिलाइए।

सर्वनाम	भेद	सर्वनाम	भेद
(क) कोई	______	(ख) कौन	______
(ग) हम	______	(घ) ये	______
(ङ) वह	______		

3 निम्नलिखित वाक्यों को शुद्ध करके पुनः लिखिए।

(क) मेरे को विद्यालय जाना है।

______

(ख) तुमने यह काम ज़रूर करना है।

______

(ग) तुम तुम्हारी कलम से लिखो।

______

(घ) उसकों घर मेरे को नहीं मालूम है।

______

(ङ) वे प्रतिदिन समय से उठता है।

______

4 निम्नलिखित सर्वनाम शब्दों से वाक्य बनाइए।

सर्वनाम	वाक्य प्रयोग
(क) हम	....
(ख) आप	....
(ग) वे	....
(घ) किसका	....
(ङ) कोई	....

5 निम्नलिखित वाक्यों के रेखांकित पदों में सर्वनाम का उचित भेद बताइए।

(क) मैं पत्र लिख रहा हूँ।

(i) उत्तम पुरुष (ii) मध्यम पुरुष
(iii) अन्य पुरुष (iv) निम्न पुरुष

(ख) उसको शब्द पुरुषवाचक सर्वनाम के किस भेद से संबंधित है?

(i) निम्न पुरुष (ii) अन्य पुरुष
(iii) मध्यम पुरुष (iv) उत्तम पुरुष

(ग) मध्यम पुरुष सर्वनाम शब्द इनमें से कौन-सा है?

(i) हम (ii) मुझे
(iii) तुम्हें (iv) इन्हें।

(घ) तुम यह काम अपने-आप कर लेना।

(i) संबंधवाचक सर्वनाम (ii) निश्चयवाचक सर्वनाम
(iii) निजवाचक सर्वनाम (iv) प्रश्नवाचक सर्वनाम

(ङ) आप यहाँ फिर कब आओगे?

(i) प्रश्नवाचक सर्वनाम (ii) संबंधवाचक सर्वनाम
(iii) पुरुषवाचक सर्वनाम (iv) निजवाचक सर्वनाम

अध्याय 10

विशेषण

1 निम्नलिखित वाक्यों में विशेषण शब्द पहचानकर लिखिए।

(क) गायिका का स्वर सुरीला और मधुर है। ______

(ख) आजकल दशहरी आम महँगे हो गए हैं। ______

(ग) तीनों चूहों ने आधा आम खा लिया। ______

(घ) गंगा पावन नदी है। ______

(ङ) तितलियाँ रंग-बिरंगी होती हैं। ______

2 नीचे दिए गए शब्दों के विशेषण बनाइए।

शब्द	विशेषण	शब्द	विशेषण
(क) अनुभव	______	(ख) सम्मान	______
(ग) स्मरण	______	(घ) पढ़ना	______
(ङ) बेचना	______	(च) भूलना	______
(छ) भारत	______	(ज) भीतर	______

3 निम्नलिखित वाक्यों में रिक्त स्थानों की पूर्ति कीजिए।

(क) संज्ञा और सर्वनाम की विशेषता का ज्ञान ______ द्वारा होता है। (विशेषण/विशेष्य)

(ख) विशेषण का प्रयोग कभी ______ से पहले होता है, कभी बाद में। (विशेष्य/प्रविशेषण)

(ग) 'हिमालय बहुत ऊँचा है', में रेखांकित अंश ______ है। (विशेषण/प्रविशेषण)

(घ) विशेषण के ______ भेद होते हैं। (चार/दो)

(ङ) संख्यावाचक विशेषण के ______ भेद होते हैं। (दो/तीन)

अध्याय 11

क्रिया

1 मूल धातु में 'ना' जोड़कर क्रिया बनाइए।

आ + ना = आना

(क) खा + ना = ________

(ख) पा + ना = ________

(ग) जा + ना = ________

(घ) सह + ना = ________

(ङ) छिप + ना = ________

(च) उड़ + ना = ________

(छ) उठ + ना = ________

(ज) सो + ना = ________

(झ) रह + ना = ________

2 निम्नलिखित शब्दों के नाम धातु क्रिया रूप बनाइए।

(क) हाथ ________

(ख) साठ ________

(ग) लालच ________

(घ) शर्म ________

(ङ) फ़िल्म ________

3 नीचे दी गई क्रियाओं में सकर्मक और अकर्मक क्रिया पहचानकर उनके वाक्य बनाइए।

क्रिया	सकर्मक/अकर्मक क्रिया	वाक्य
(क) जागना		
(ख) पढ़ना		
(ग) लिखना		
(घ) रोना		
(ङ) बैठना		
(च) सोना		

4 सही विकल्प पर सही (✓) का निशान लगाइए।

(क) क्रिया का मूल रूप है

(i) धातु (ii) अव्यय

(iii) रूप (iv) इनमें से कोई नहीं

(ख) कर्म के आधार पर क्रिया के भेद हैं

(i) चार (ii) तीन

(iii) दो (iv) छः

(ग) जिस वाक्य में एक कर्म हो उसे कहा जाता है

(i) अकर्मक (ii) सकर्मक

(iii) द्विकर्मक (iv) एककर्मक

(घ) मजदूर खाकर सो गया रेखांकित अंश का क्रिया भेद है।

(i) पूर्वकालिक क्रिया (ii) सहायक क्रिया

(iii) द्विकर्मक क्रिया (iv) संयुक्त क्रिया

(ङ) द्विकर्मक में होते हैं

(i) दो कर्म (ii) अनेक कर्म

(iii) कई कर्म (iv) कुछ कर्म

5 कोष्ठक से उपयुक्त क्रिया शब्द चुनकर रिक्त स्थान भरिए

(क) किताब ________ (फटी/फट)

(ख) दरवाज़ा ________ (खुली/खुला)

(ग) पतंग ________ (उड़ी/उड़ा)

(घ) सूरज ________ (डूबी/डूबा)

(ङ) चावल ________ (पके/पकी)

(अध्याय 12)

काल

1 निम्नलिखित वाक्यों में सही के सामने सही (✓) और गलत के सामने गलत (✕) का चिह्न लगाइए।

(क) कोई काम होने के समय को काल कहते हैं। ☐

(ख) बीते हुए काल की जानकारी वर्तमान काल से होती है। ☐

(ग) आने वाले समय में होने वाली क्रिया के विषय में बताने वाले काल को भविष्यत् काल कहते हैं। ☐

(घ) रात बीत गई, भूतकाल है। ☐

(ङ) शिक्षक पाठ पढ़ा रहा है, भविष्यत्काल है। ☐

2 निम्नलिखित वाक्यों को निर्देशानुसार परिवर्तित कीजिए।

(क) हम गरीबों की मदद करेंगे।

भूतकाल ____________________

वर्तमान काल ____________________

(ख) चित्रकार चित्र बना रहा था।

भूतकाल ____________________

भविष्यत्काल ____________________

(ग) हम अपने पर्यावरण की रक्षा करेंगे।

भूतकाल ____________________

वर्तमानकाल ____________________

3 क्रियाओं के कालों की पहचान करते हुए सही विकल्प पर सही (✓) का निशान लगाइए।

(क) कौन-सा काल का भेद है?

(i) आदिकाल (ii) मध्यकाल

(iii) वीरगाथाकाल (iv) वर्तमान काल

(ख) 'आँधी चल रही है'—वाक्य है

(i) वर्तमान काल (ii) भूतकाल

(iii) अपूर्ण भूतकाल (iv) भविष्यतकाल

(ग) काल के भेद हैं

(i) दो (ii) तीन

(iii) चार (iv) आठ

(घ) 'मैं तुम्हारा पत्र पढ़ रहा हूँ' वाक्य में क्रिया है

(i) वर्तमान काल (ii) भूतकाल

(iii) भविष्यत्काल (iv) मध्यकाल

4 निम्न वाक्यों को काल के तीनों रूपों में लिखिए।

(क) भूतकाल ____________________

वर्तमानकाल ____________________

भविष्यत्काल हवा चलेगी।

(ख) भूतकाल बच्चा सो रहा था।

वर्तमानकाल ____________________

भविष्यतकाल ____________________

(ग) भूतकाल ____________________

वर्तमानकाल पक्षी वृक्ष पर चहचहा रहे हैं।

भविष्यत्काल ____________________

(अध्याय 13)

वाच्य

1 निम्नलिखित वाक्यों में सही के सामने सही (✓) और गलत के सामने गलत (✗) का चिह्न लगाइए।

(क) कर्मवाच्य में कर्म की प्रधानता होती है। ☐

(ख) कर्तृवाच्य में कर्म की प्रधानता होती है। ☐

(ग) भाववाच्य में कर्ता की प्रधानता होती है। ☐

(घ) एक वाच्य से दूसरे वाच्य में परिवर्तन नहीं होता। ☐

2 निम्नलिखित वाक्यों के सामने उसके वाच्य का नाम लिखिए।

वाक्य	वाच्य
(क) किसान फसल उगाते हैं।	
(ख) मरीज़ से उठा नहीं जाता है।	
(ग) चित्रकार के द्वारा चित्र बनाया जाता है।	
(घ) हम प्रतिदिन विद्यालय जाते हैं।	
(ङ) विधवा से रोया भी न गया।	

3 निम्नलिखित वाक्यों को निर्देशानुसार परिवर्तित कीजिए।

(क) राम दूध पीता है। (*कर्मवाच्य*)

____

(ख) मरीज़ दवाई खाता है। (*कर्मवाच्य*)

____

(ग) हम सब पेड़ लगाते हैं। (*कर्मवाच्य*)

____

(घ) हम गरीबों की मदद करते हैं। (*कर्मवाच्य)*

(ङ) वह दौड़ नहीं सकता। (*भाववाच्य)*

4 निम्नलिखित वाक्यों में वाच्य भेद बताइए।

(क) राम खीर खाता है।

(ख) हमीद से पुस्तक पढ़ी जाती है।

(ग) सुषमा पढ़ती है।

(घ) स्त्रियों से गीत गाए जाते हैं।

(ङ) सुमन से हँसा जाता है।

5 निम्नलिखित वाक्यों को कर्मवाच्य में परिवर्तित कीजिए।

(क) राधा पुस्तक पढ़ती है।

(ख) चंचल कपड़े धोती है।

(ग) गीता पत्र लिखती है।

(घ) माता खाना पकाएगी।

(ङ) राम ने रावण को मारा।

6 निम्नलिखित वाक्यों में वाच्य का सही भेद चुनिए।

(क) दादी कहानी सुनाती है

(i) कर्तृवाच्य (ii) कर्मवाच्य

(iii) भाववाच्य (iv) इनमें से कोई नहीं

(ख) इनमें कौन-से वाच्य में कर्तृवाच्य है?

(i) माला से नहीं खेला जाता है (ii) बकरी दौड़ती है

(iii) मज़दूर काम करता है (iv) श्रेयन से गाना गाया जाता है

(ग) सैनिकों द्वारा गोलियाँ चलाई जाती हैं

(i) भाववाच्य (ii) कर्मवाच्य

(iii) कर्तृवाच्य (iv) इनमें से कोई नहीं

(घ) इनमें से कौन-सा वाच्य का भेद है?

(i) कर्तृवाच्य (ii) कर्मवाच्य

(iii) भाववाच्य (iv) ये सभी

अव्यय

क्रिया-विशेषण

1 निम्नलिखित वाक्यों में क्रिया-विशेषण का सही भेद चुनिए।

(क) इधर-उधर मत घूमो

(i) स्थानवाचक (ii) कालवाचक

(iii) परिमाणवाचक (iv) रीतिवाचक

(ख) राजीव ने बहुत परिश्रम किया

(i) कालवाचक (ii) परिमाणवाचक

(iii) रीतिवाचक (iv) स्थानवाचक

(ग) मेरे मित्र अचानक चले गए

(i) रीतिवाचक (ii) परिमाणवाचक

(iii) स्थानवाचक (iv) कालवाचक

(घ) पहले तुम आओ

(i) परिमाणवाचक (ii) रीतिवाचक

(iii) कालवाचक (iv) स्थानवाचक

2 निम्नलिखित वाक्यों में आए क्रिया-विशेषण पदों को पहचानिए।

(क) खरगोश तेज़ दौड़ा। ____________

(ख) मोहन कल आएगा। ____________

(ग) यह पहलवान बहुत खाता है। ____________

(घ) दाएँ-बाएँ देखकर सड़क पार करना। ____________

(ङ) घोड़ा सरपट भागने लगा। ____________

3 निम्नलिखित क्रिया-विशेषण शब्दों से वाक्य बनाइए।

(क) बहुत ______

(ख) बार-बार ______

(ग) ध्यानपूर्वक ______

(घ) भीतर ______

(ङ) उधर ______

संबंधबोधक

1 निम्नलिखित वाक्यों में रिक्त स्थानों की पूर्ति संबंधबोधक शब्दों के द्वारा कीजिए।

(क) मयंक हमारे घर ______ रहता है। (के लिए/के पास)

(ख) सीता ______ दूसरी स्त्रियाँ पतिव्रता नहीं होती हैं। (के पास/के समान)

(ग) धन ______ कोई मित्र नहीं बनता। (के बिना/के साथ)

(घ) अधिक खाने ______ तुम मोटे होते जा रहे हो। (के कारण/के लिए)

(ङ) इतने से मज़दूरों ______ काम नहीं हो सकता है। (के बिना/के सहारे)

2 निम्नलिखित वाक्यों में संबंधबोधक पहचानकर उनके सामने लिखिए।

(क) गांधीजी के साथ नेहरू जी भी बैठे थे। ______

(ख) सड़क के दोनों ओर हरे-भरे वृक्ष हैं। ______

(ग) बीमारी के कारण वह चल नहीं सकता। ______

(घ) राम के पास पुस्तक नहीं है। ______

(ङ) सीता के समान अन्य सुंदरी न थीं। ______

3 निम्नलिखित संबंधबोधक शब्दों से वाक्य बनाइए।

(क) के समीप ______

(ख) की तुलना में ______

(ग) की खातिर ______

(घ) के साथ ______

(ङ) के बजाय ______

समुच्चयबोधक

1 निम्नलिखित वाक्यों में प्रयुक्त समुच्चयबोधक शब्द छाँटिए और वाक्य के सामने लिखिए।

(क) राम बाज़ार से फल और सब्ज़ियाँ लाया। ______

(ख) बादल घिरे, परंतु वर्षा न हुई। ____________

(ग) आगे ख़तरनाक मोड़ है, इसलिए सावधानी से चलो। ____________

(घ) कल एवं परसों विद्यालय बंद रहेगा। ____________

(ङ) इस साल न दालें सस्ती हुईं और न सब्ज़ियाँ। ____________

2 निम्नलिखित वाक्यों में सही के सामने सही (✓) और गलत के सामने गलत (✕) का चिह्न लगाइए।

(क) समुच्चयबोधक शब्द केवल दो शब्दों को जोड़ते हैं। ☐

(ख) समुच्चयबोधक का दूसरा नाम योजक है। ☐

(ग) समुच्चयबोधक के मुख्यतया तीन भेद होते हैं। ☐

(घ) समुच्चयबोधक का प्रयोग वाक्य के अंत में होता है। ☐

(ङ) समुच्चयबोधक शब्द लिंग, वचन और काल से अप्रभावित रहते हैं। ☐

3 निम्नलिखित समुच्चयबोधक शब्दों से वाक्य बनाइए।

शब्द	वाक्य प्रयोग
(क) तथा	____________
(ख) एवं	____________
(ग) परंतु	____________
(घ) लेकिन	____________
(ङ) अथवा	____________

विस्मयादिबोधक

1 नीचे दिए गए वाक्यों में सही वाक्य के सामने सही (✓) का तथा गलत के सामने गलत (✕) का चिह्न लगाइए।

(क) अरे! तुम विदेश कैसे पहुँच गए? ☐

(ख) वाह! गंदी बातों से मुझे घृणा है। ☐

(ग) अरे वाह! क्या काम किया है। ☐

(घ) वाह! कितनी गंदी गलियाँ हैं। ☐

(ङ) वाह! क्या नज़ारा है। ☐

2 नीचे दिए गए विस्मयादिबोधक शब्दों से वाक्य बनाइए।

शब्द	वाक्य प्रयोग
शाबाश!	
ओहो!	
छि:!	
अजी!	
जी-हाँ!	

3 नीचे दिए गए वाक्यों के रिक्त स्थानों में विस्मयादिबोधक अव्यय लिखिए।

(क) ———! यह दुर्घटना कैसे हुई?

(i) हाय राम ! (ii) अरे !

(iii) हे राम ! (iv) हाय !

(ख) ———! क्या सुहावना मौसम है?

(i) अरे ! (ii) वाह !

(iii) ओहो ! (iv) अहा !

(ग) ———! तुम्हारी दशा देखकर तो मैं व्याकुल हो रहा हूँ।

(i) वाह ! (ii) अरे !

(iii) ओह ! (iv) हाय !

(घ) ———! तुमने स्वर्ण पदक जीत कर भारत का नाम रोशन किया है।

(i) शाबाश ! (ii) ओहो !

(iii) अरे ! (iv) अहा !

वाक्य

1 निम्नलिखित वाक्यों में सही के सामने सही (✓) और गलत के सामने गलत (✗) का चिह्न लगाइए।

(क) 'नदियाँ पर्वतों से निकलती हैं' सरल वाक्य है। ☐

(ख) 'मैं आस्वस्थ था, इसलिए समारोह में न आ सका' मिश्र वाक्य है। ☐

(ग) 'माँ ने संदेश भेजा और बेटा भागा चला आया' संयुक्त वाक्य है। ☐

(घ) 'ईश्वर तुम्हारी रक्षा करे' संयुक्त वाक्य है। ☐

(ङ) 'दीपशिखा विद्यालय से आते ही पढ़ने लगी' संयुक्त वाक्य है। ☐

2 नीचे लिखे वाक्य रचना के आधार पर किस प्रकार के हैं?

(क) मैंने विद्यालय जाना है।

(ख) बड़ों की आज्ञा का पालन करना चाहिए।

(ग) राम ने खाना खाया और पढ़ने बैठ गया।

3 निर्देशानुसार रूपांतरण कीजिए।

(क) मैं झाड़ू उठाकर सफाई करने लगा। (संयुक्त वाक्य)

(ख) अध्यापक को देखते ही छात्र शांत हो गए। (मिश्र वाक्य)

(ग) जब फसल पक गई, तब किसान ने काट ली। (सरल वाक्य)

(घ) उसने लालबत्ती पार की और उसका चालान हो गया। (मिश्र वाक्य)

(ङ) सवेरा होते ही तारे छिपने लगे। (संयुक्त वाक्य)

4 निम्न वाक्यों को वाक्य के तीनों प्रकारों में लिखिए।

(क) सरल वाक्य ____________________

संयुक्त वाक्य ____________________

मिश्र वाक्य सीमा इसलिए विद्यालय नहीं गई, क्योंकि वह बीमार है।

(ख) सरल वाक्य ____________________

संयुक्त वाक्य अध्यापक बाहर गए और बच्चे शोर मचाने लगे।

मिश्र वाक्य ____________________

[अध्याय 16]

पद-परिचय

1 (क) रेखांकित अंश का पद-परिचय दीजिए।

(i) औरों से पूछ लेना।

(ii) आपने और क्या-क्या खरीदा?

(iii) राम और श्याम वहाँ जाएँगे।

2 **निम्नलिखित वाक्यों का पद-परिचय दीजिए।**

(क) राधा पुस्तक पढ़ती है।

(ख) वह छात्र बुद्धिमान है।

(ग) अरे वाह! बगीचे में सुंदर फूल खिले हैं।

(घ) वह क्या खा रहा है?

(ङ) हम उपवन में जाएँगे।

3 **निम्नलिखित वाक्यों के रेखांकित अंश का पद-परिचय दीजिए।**

(क) गांधीजी सत्य और अहिंसा के पुजारी थे।

गांधीजी

अहिंसा

(ख) जंगल में हिंसक जानवर रहते हैं।

जंगल

जानवर

अध्याय 1

निबंध-लेखन

निबंध-लेखन का प्रारूप

दिए गए संकेत बिंदुओं के आधार पर निबंध लेखन।

संकेत-बिंदु

- पर्यावरण प्रदूषण : एक समस्या
- पर्यावरण प्रदूषण के कारण
- पर्यावरण प्रदूषण का जीवन पर प्रभाव
- पर्यावरण प्रदूषण को रोकने के उपाय

(1) विषय

पर्यावरण प्रदूषण

(2) प्रस्तावना

आज का युग आधुनिकीकरण का युग है, जिसमें पर्यावरण प्रदूषण एक अत्यंत गंभीर समस्या बन चुकी है। यह समस्या मानव जीवन के लिए अभिशाप बनती जा रही है। बढ़ता औद्योगीकरण, कारखाने, वाहनों द्वारा छोड़ी जाने वाली विषैली गैसें आदि हमारे पर्यावरण को दूषित कर रही हैं तथा धीरे-धीरे हरियाली को समाप्त कर भावी-पीढ़ी के लिए त्रासदी बनती जा रही है। पर्यावरण के अंतर्गत धरती, आकाश और भूगर्भ सभी सम्मिलित होते हैं। भूकंप, चक्रवात, समुद्री-तूफ़ान, अकाल, महामारी, युद्ध आदि प्राकृतिक एवं मानवकृत आपदाएँ मानव-त्रासदी के बड़े कारण हैं।

(3) विषय-वस्तु

घनी आबादी वाले शहरों से निकलने वाले अवशिष्ट, रासायनिक कचरा, अस्पताल एवं प्रयोगशालाओं के रेडियोधर्मी अवशिष्ट तथा परमाणु विस्फोटों एवं रिएक्टरों की रेडियोधर्मी गैसें वायु-प्रदूषण के प्रमुख स्रोत हैं। महानगरों से निकलने वाले अवशिष्ट पदार्थ नदियों में प्रवाहित किए जा रहे हैं, जिससे जल-प्रदूषण निरंतर बढ़ता जा रहा है। पेड़-पौधे हमारे जीवन के लिए अत्यंत आवश्यक हैं, जिससे हमें शुद्ध वायु तथा ऑक्सीजन प्राप्त होती है। सुविधाएँ प्राप्त करने हेतु पेड़ों और वनों की कटाई बड़ी तीव्र गति से हो रही है, जिससे वातावरण का संतुलन बिगड़ रहा है। आज समाज इस भयंकर समस्या से जूझने के लिए विवश है।

(4) उपसंहार

पर्यावरण प्रदूषण आज भयानक रूप में विश्व के समक्ष है। इसके लिए सरकार, सामाजिक स्वयंसेवी संस्थाओं तथा राजनीतिक-शैक्षिक संस्थाओं द्वारा लोक शिक्षा का कार्यक्रम चलाना एवं प्रदूषण-मुक्त वातावरण बनाने के महत्त्व को प्रचारित करना होगा। इस प्रकार हम पर्यावरण प्रदूषण को रोककर भावी पीढ़ी को स्वच्छ पर्यावरण दे सकते हैं।

अभ्यास प्रश्न

निम्नलिखित संकेत बिंदुओं के आधार पर 200-250 शब्दों का निबंध लिखिए।

1 मेरा आदर्श व्यक्ति

- संक्षिप्त जीवन परिचय
- क्षेत्र विशेष में उपलब्धियाँ
- आदर्श गुण
- आदर्श होने का कारण

2 खेल : जो मुझे प्रिय है

- खेलने की विधि
- आवश्यक सामग्री और खिलाड़ी
- स्वास्थ्य के लिए लाभदायी
- मानवीय मूल्य बढ़ाने में सहायक

3 मेरा प्रिय त्योहार

- मनाए जाने का समय
- मनाने की विधि
- जुड़ी हुई कथा या मनाने का कारण
- लोक जीवन में महत्त्व

4 जीवनदायी वृक्ष

- वृक्ष और मनुष्य का साथ
- वृक्षों से लाभ
- मानव स्वार्थ और पर्यावरण
- वृक्षारोपण अति आवश्यक

5 हमारे विद्यालय का पुस्तकालय

- पुस्तकालय : ज्ञान का घर
- पुस्तकालय के प्रकार
- पुस्तकालय के लाभ
- पुस्तकालय की बढ़ती आवश्यकता

निम्नलिखित शीर्षकों पर 200-250 शब्दों का निबंध लिखिए।

1 मेरा प्रिय मित्र

2 दिल्ली की सैर

3 विविधता में एकता

4 मोबाइल फ़ोन–सुविधा अथवा असुविधा

निम्नलिखित पंक्तियों को ध्यानपूर्वक पढ़िए और उनके शीर्षक पहचानकर निबंध-लेखन कीजिए।

1 भारत को स्वतंत्रता दिलाने में देशभक्तों और शहीदों का विशेष योगदान रहा है। हम भारतवासी अपनी स्वतंत्रता की रक्षा करते हुए शहीदों को प्रतिवर्ष याद करते हैं। इस दिन तरह-तरह के कार्यक्रम भी आयोजित किए जाते हैं। इन तथ्यों को ध्यान में रखकर निबंध लिखिए।

2 गर्मी की उमस और मार से सभी प्राणी बेहाल थे। सूरज की किरणें बाणों के समान चुभ रही थीं। घर-बाहर कहीं भी रहना कठिन हो रहा था, तभी आसमान में काले-काले बादल घिर आए और तेज़ वर्षा ने वातावरण को मनोरम बना दिया। इन तथ्यों को ध्यान में रखकर निबंध लिखिए।

3 समय की गति तीव्र होती है, वह किसी की प्रतीक्षा नहीं करता। जीवन की सफलता का रहस्य समय के सदुपयोग में निहित है। समय का दुरुपयोग मनुष्य को कायर बना देता है, जिससे उसका व्यक्तित्व कुंठित हो जाता है। इन तथ्यों को ध्यान में रखकर निबंध लिखिए।

अध्याय 2

अनुच्छेद-लेखन

अनुच्छेद-लेखन का प्रारूप

☑ *दिए गए संकेत बिंदुओं के आधार पर अनुच्छेद-लेखन।*

संकेत-बिंदु

- अनुशासन का महत्त्व
- अनुशासन की उपयोगिता
- अनुशासन का जीवन में स्थान

① विषय

अनुशासन

② प्रस्तावना

'अनुशासन' शब्द का अर्थ है– 'शासन के पीछे' अर्थात् शासन के पीछे चलना, जिस तरह प्रकृति अनुशासन का पालन करती है, उसी तरह हमें भी अनुशासन का पालन करना चाहिए। चाँद, सूरज, ऋतुएँ अपने नियम के अनुकूल चलकर जनजीवन का निर्माण करती हैं।

③ विषय-वस्तु

अनुशासन द्वारा एक छात्र, शिक्षक या कोई भी व्यक्ति अपने लक्ष्य की प्राप्ति अत्यंत सरलता से कर सकता है। यदि अनुशासन का पालन न किया जाए, तो उस व्यक्ति को सदैव उपहास ही प्राप्त होता है और जीवनभर लक्ष्यहीन की भाँति भटकता रहता है।

किसी मनुष्य की व्यक्तिगत सफलता में भी अनुशासित जीवन की महत्त्वपूर्ण भूमिका होती है। महात्मा गांधी, दयानंद सरस्वती आदि महापुरुषों का जीवन अनुशासन के कारण ही समाज के लिए उपयोगी एवं सभी के लिए प्रेरणा-स्रोत बन सका है।

④ उपसंहार

यदि हमें अपने जीवन में उन्नति चाहिए, तो हमें अनुशासन में रहना होगा। इसी से हमारे परिवार, गुरुजन तथा समाज की उन्नति संभव है।

अभ्यास प्रश्न

निम्नलिखित विषयों पर 100-120 शब्दों में अनुच्छेद लिखिए।

1 सत्संगति

2 परोपकार

3 नदियों के लाभ

दिए गए संकेत बिंदुओं के आधार पर अनुच्छेद-लेखन कीजिए।

1 **मेरे जीवन का लक्ष्य**

- जीवन में लक्ष्य की आवश्यकता
- लक्ष्य का निर्धारण
- निर्धारित लक्ष्य का महत्त्व

2 **स्वच्छता का महत्त्व**

- स्वच्छता का अर्थ एवं आवश्यकता
- पर्यावरण के लिए स्वच्छता की आवश्यकता
- तन-मन बने स्वस्थ – स्वच्छता के लाभ

3 **कंप्यूटर की उपयोगिता**

- विज्ञान की अद्भुत खोज
- विभिन्न क्षेत्रों में प्रयोग
- आज की आवश्यकता

4 **मेरा बगीचा**

- सुंदर एवं मनोहर स्थान
- मन को भाते रंग-बिरंगे फूल
- पौधों की रक्षा एवं देखभाल

निम्नलिखित पंक्तियों को ध्यानपूर्वक पढ़िए और उनके शीर्षक पहचान कर अनुच्छेद-लेखन कीजिए।

5 आप हरिद्वार घूमने गए थे। वहाँ अचानक हुई मूसलाधार वर्षा के कारण बाढ़ आ गई, जिससे लोग मुश्किल में फँस गए। इस घटना का वर्णन करते हुए एक अनुच्छेद लिखिए।

6 आपने नई दिल्ली के प्रगति मैदान में आयोजित पुस्तक मेला देखा, जहाँ इतनी सारी पुस्तकें देखकर आप दंग रह गए। इस पुस्तक मेले का वर्णन एक अनुच्छेद में कीजिए।

7 आपने दिल्ली का चिड़ियाघर देखा। वहाँ नाना प्रकार के दुर्लभ जीव-जंतुओं ने आपका मन मोह लिया। इस सैर का वर्णन करते हुए एक अनुच्छेद लिखिए।

(अध्याय 3)

कहानी-लेखन

कहानी-लेखन का प्रारूप

आलसीपन शीर्षक पर संक्षिप्त कहानी लिखते हुए उससे मिलने वाली शिक्षा का उल्लेख कीजिए।

① विषय

आलसीपन

② प्रस्तावना

सोहन एक धनी परिवार से था। उसके पिता की इच्छा थी कि वह डॉक्टर या इंजीनियर बने। सोहन पढ़ाई में औसत विद्यार्थी था तथा आलसी होने के कारण वह अपनी पढ़ाई पर पूर्णरूप से ध्यान नहीं दे पाता था।

③ विषय-वस्तु

एक दिन सोहन के पिता ने उसे अपने पास बुलाया और कहा कि यदि तुम इस वर्ष कक्षा में प्रथम आए, तो मैं तुम्हें उपहार में एक स्कूटर दूँगा, यह सुनकर सोहन अत्यंत प्रसन्न हुआ। सोहन ने नियमित रूप से पढ़ने के लिए समय-सारणी तैयार की, परंतु वह हमेशा यह सोचता था कि कल से पढूँगा। ये सिलसिला परीक्षा तक ऐसे ही चलता रहा और परीक्षा सिर पर आ गई। परीक्षा के उपरांत जब परिणाम आया, तो सोहन इस बार भी औसतन ही आया। सोहन अपने आलसीपन के कारण उपहार का स्कूटर गँवा बैठा।

④ शिक्षा

प्रस्तुत कहानी से हमें यह शिक्षा मिलती है कि हमें आलस कभी नहीं करना चाहिए तथा किसी भी काम को कल पर नहीं टालना चाहिए।

अभ्यास प्रश्न

निम्नलिखित में से किसी एक शीर्षक पर संक्षिप्त कहानी लिखते हुए उससे मिलने वाली शिक्षा का उल्लेख कीजिए।

1 सच्चा मित्र

2 एकता का महत्त्व

निम्नलिखित संकेत-बिंदुओं के आधार पर संक्षिप्त कहानी लिखिए।

3 नदी के किनारे बरगद का पेड़ — उस पर मधुमक्खियों का छत्ता — एक मधुमक्खी का नदी में गिरकर बहना — कबूतर द्वारा पत्ता तोड़ना तथा मधुमक्खी के आगे डालना — मधुमक्खी का पत्ते पर आना और किनारे लगना — उड़कर छत्ते में आना। — एक शिकारी का और कबूतर पर निशाना लगाना — मधुमक्खी द्वारा शिकारी की बाँह में डंक मारना — निशाना चूकना और कबूतर की जान बचना।

दिए गए चित्रों को ध्यानपूर्वक देखिए और घटनाक्रम जोड़कर संक्षिप्त कहानी-लेखन कीजिए तथा उससे मिलने वाली शिक्षा का उल्लेख कीजिए।

4

5

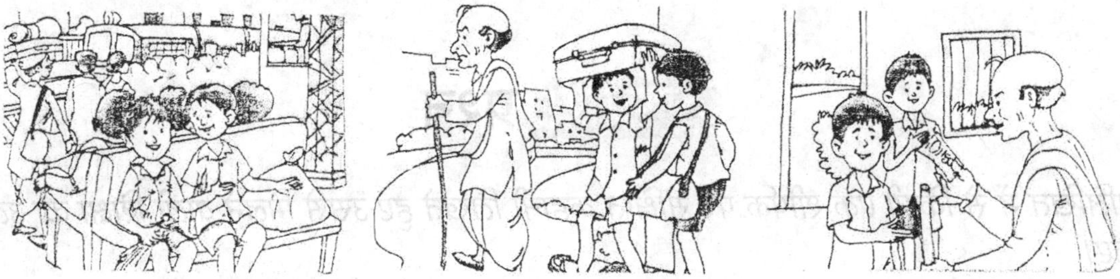

(अध्याय 4)

दृश्य-वर्णन

दृश्य-वर्णन का प्रारूप

नीचे दिए गए चित्रों को ध्यानपूर्वक देखिए और अपनी कल्पना से इनका वर्णन कीजिए।

(1) विषय

प्रौढ़-शिक्षा

(2) प्रस्तावना

प्रस्तुत चित्र में एक युवा अध्यापिका कुछ प्रौढ़ महिलाओं को शिक्षा दे रही है। महिलाओं की वेशभूषा से वे सभी ग्रामीण प्रतीत हो रही हैं।

(3) विषय-वस्तु

अध्यापिका प्रौढ़ महिलाओं को किताब में दिखाकर कुछ समझा रही हैं। पास में ही एक मेज़ है, जिस पर कुछ किताबें एवं कुर्सी रखी हुई है। श्यामपट्ट के साथ व उसके नीचे की ओर विभिन्न प्रकार के चार्ट लगे हुए हैं जिनमें से कुछ पर चित्र बने हैं तथा कुछ पर अंग्रेज़ी के शब्द लिखे हुए हैं। आज के युग को देखकर लगता है कि ग्रामीण क्षेत्रों में प्रौढ़-शिक्षा की अत्यंत आवश्यकता है, क्योंकि रोज़मर्रा के जीवन में हिसाब-किताब करने की आवश्यकता स्वाभाविक है। इसके लिए उन्हें अन्य लोगों पर आश्रित रहना पड़ता है।

अभ्यास प्रश्न

नीचे दिए गए चित्रों को ध्यानपूर्वक देखिए और अपनी कल्पना से इनका वर्णन 80-100 शब्दों में कीजिए।

1

2

3

(अध्याय 5)

पत्र-लेखन

औपचारिक-पत्र का प्रारूप

अपने विद्यालय के प्रधानाचार्य को छात्रवृत्ति के विषय में प्रार्थना-पत्र लिखिए।

(1) विद्यालय का नाम व पता

सेवा में,
प्रधानाचार्य महोदय,
प्रतिभा विकास विद्यालय,
सिविल लाइन,
दिल्ली।

(2) विषय

विषय : *छात्रवृत्ति प्राप्त करने हेतु प्रार्थना-पत्र।*

(3) संबोधन

महोदय,

(4) विषय-वस्तु

विनम्र निवेदन है यह कि मैं आपके विद्यालय में कक्षा सातवीं 'अ' की छात्रा हूँ। मैं एक निर्धन परिवार से हूँ। मेरे पिताजी की छः माह पूर्व एक दुर्घटना में मृत्यु हो गई थी। उनकी मृत्यु के पश्चात् हमारे परिवार की आर्थिक स्थिति बहुत दयनीय हो गई है। मेरी माता जी भी मेरी फ़ीस का प्रबंध करने में असमर्थ हैं। मेरी इच्छा है कि मैं अपनी पढ़ाई जारी रखकर अपने डॉक्टर बनने का सपना पूरा करूँ। अतः मैं आपसे प्रार्थना करती हूँ कि मेरी आर्थिक स्थिति को देखते हुए आप मुझे विद्यालय से छात्रवृत्ति दिलाने की कृपा करें, जिससे मैं अपनी शिक्षा पूरी कर सकूँ। इसके लिए मैं आपकी सदैव आभारी रहूँगी।

(5) अभिनिवेदन

सधन्यवाद

(6) स्वविशेषण

आपकी आज्ञाकारी शिष्या,

(7) नाम

कीर्ति शर्मा

(8) कक्षा एवं अनुक्रमांक

सातवीं 'अ'
अनुक्रमांक-25

अभ्यास प्रश्न

1 अपनी बड़ी बहन के विवाह में शामिल होने के लिए तीन दिन का अवकाश माँगते हुए अपने विद्यालय के प्रधानाचार्य को प्रार्थना-पत्र लिखिए।

2 अपने विद्यालय के प्रधानाचार्य को प्रार्थना-पत्र लिखिए, जिसमें स्थानांतरण प्रमाण-पत्र (STC) पाने का अनुरोध किया गया हो।

3 अपने विद्यालय के प्रधानाचार्य को प्रार्थना-पत्र लिखिए, जिसमें पीने के पानी की समुचित व्यवस्था करने का अनुरोध किया गया हो।

4 अपने विद्यालय के प्रधानाचार्य को प्रार्थना-पत्र लिखिए, जिसमें खेलों का नया सामान मँगवाने का अनुरोध किया गया हो।

5 अपने विद्यालय के प्रधानाचार्य को प्रार्थना-पत्र लिखिए, जिसमें पुस्तकालय में नई बाल-पत्रिकाएँ मँगवाने का अनुरोध किया गया हो।

अनौपचारिक-पत्र का प्रारूप

अधिक सिनेमा देखने की हानियों के संबंध में छोटे भाई को पत्र।

① पत्र भेजने वाले का पता

प्रेम सदन,
324-अशोक विहार,
दिल्ली।

② दिनांक

दिनांक : 20 फरवरी, 20XX

③ संबोधन

प्रिय अनुज राकेश,

सस्नेह।

④ विषय-वस्तु

कल मुझे तुम्हारे प्रधानाचार्य का पत्र मिला, जिसमें उन्होंने तुम्हारी पढ़ाई-संबंधी जानकारी दी। तुम पढ़ाई में कुछ लापरवाही कर रहे हो, जिसका कारण तुम्हारा अधिक सिनेमा देखना है। तुम्हारे प्रधानाचार्य जी ने यह जानकारी मुझे पत्र द्वारा दी है। आजकल के सिनेमा में अधिकतर फ़िल्मों में मार-पीट, हिंसा-आदि की प्रधानता होती है, जिससे मस्तिष्क पर दुष्प्रभाव पड़ता है। फ़िल्में तीन घंटे की होती हैं, जिससे आँखें भी प्रभावित होती हैं। फ़िल्मों से धन व समय दोनों ही व्यर्थ होते हैं।

तुम्हें हिंसा प्रधान फ़िल्में न देखकर ऐसी फ़िल्मों को देखना चाहिए जिससे तुम्हारा मानसिक संतुलन ठीक बना रहे।

⑤ समापन

मुझे आशा है कि तुम मेरी बातों पर अवश्य ध्यान दोगे।

⑥ अभिनिवेदन

तुम्हारा अग्रज

⑦ पत्र भेजने वाले का नाम

दिनेश

अभ्यास प्रश्न

1 खेलों में नियमित रूप से भाग लेने के लिए अपने छोटे भाई को पत्र लिखिए।

2 अपने जन्मदिन पर आमंत्रित करते हुए अपने मित्र को पत्र लिखिए।

3 आपका मित्र परीक्षा में प्रथम आया है। उसे शुभकामनाएँ देते हुए बधाई–पत्र लिखिए।

4 शिमला में रहने वाले अपने मित्र को दिल्ली के दर्शनीय स्थलों को देखने के लिए आमंत्रित करते हुए पत्र लिखिए।

5 अपने छोटे भाई को पत्र लिखिए, जिसमें आपके विद्यालय में मनाए गए वार्षिकोत्सव का वर्णन हो। इस उत्सव में आपको भी सम्मानित किया गया था।

अध्याय 6

संवाद-लेखन

संवाद-लेखन का प्रारूप

डॉक्टर और मरीज के मध्य हुई बातचीत के आधार पर संवाद लिखिए।

मरीज़ : नमस्ते, डॉक्टर साहब

डॉक्टर : क्या तकलीफ़ है आपको?

मरीज़ : नमस्ते, डॉक्टर साहब, मुझे बहुत तेज़ बुखार है।

डॉक्टर : आपको बुखार कब से आया है?

मरीज़ : मुझे कल रात से बुखार है।

डॉक्टर : मौसम बदल रहा है, इसलिए ठंडा पानी या कोल्ड ड्रिंक आदि न लें।

मरीज़ : ठीक है, डॉक्टर साहब।

डॉक्टर : मैं ये दवाइयाँ दे रहा हूँ, इन्हें नियमित रूप से खाना।

मरीज़ : जी।

डॉक्टर : आजकल डेंगू, मलेरिया बहुत फैल रहा है, यदि दवाई खाने के बाद भी बुखार न उतरे तो खून की जाँच कराएँ।

मरीज़ : जी, डॉक्टर साहब।

डॉक्टर : खाने में तरल पदार्थ और पौष्टिक आहार ही लें।

मरीज़ : ठीक है, डॉक्टर साहब, शुक्रिया।

अभ्यास प्रश्न

नीचे दिए गए प्रश्नों को ध्यानपूर्वक पढ़िए और 80-100 शब्दों में संवाद-लेखन कीजिए।

1 आपका कक्षा सातवीं में अभी-अभी दाखिला हुआ है। कक्षा में पहले दिन आपके और कक्षाध्यापक के मध्य जो बातचीत हुई, उसे संवाद रूप में लिखिए।

2 आप प्रातःकाल उद्यान में घूमने गए। वहाँ पेड़-पौधों की देखभाल कर रहे माली से आपकी बातचीत हुई। इस बातचीत को संवाद रूप में लिखिए।

3 आपको कुछ पुस्तकों की आवश्यकता है। आप पुस्तकें लेने दुकान पर गए। वहाँ आपके और दुकानदार के मध्य जो बातचीत हुई, उसे संवाद के रूप में लिखिए।

4 आप अपने जन्मदिन पर एक मोबाइल फ़ोन उपहार में अपने पिताजी से लेना चाहते हैं, परंतु वे आपको अभी फ़ोन नहीं दिलाना चाहते हैं। आपके पिताजी और अपने मध्य हुई बातचीत को संवाद रूप में लिखिए।

5. आप और आपका मित्र दोनों सड़क पार करके बाज़ार जाना चाहते थे, परंतु कुछ मोटर साइकिल सवार लालबत्ती की परवाह न करके जा रहे थे। इससे पैदल यात्रियों को असुविधा हो रही थी। इस संबंध में आपके मित्र के साथ आपकी जो बातचीत हुई, उसे संवाद रूप में लिखिए।

अपठित बोध (गद्यांश)

वर्कशीट 1

निर्देश *निम्नलिखित गद्यांशों को ध्यानपूर्वक पढ़िए और प्रश्नों के संक्षिप्त उत्तर दीजिए।*

गद्यांश 1

मुसकान में एक विचित्र सम्मोहन होता है, जिसकी समानता किसी अन्य से नहीं की जा सकती है। एक पुस्तक में लिखा था—नाराज़ होइए तो भी मुसकुराकर। बात विरोधाभास जैसी प्रतीत होती है, पर इसका आशय यही है कि जब क्रोध प्रकट करना अनिवार्य हो तब भी उसे भयानक न बनने दीजिए। क्रोध की भयंकरता उसे विध्वंसकारी बना देती है। कुछ अधिकारी स्तर के व्यक्ति अपने चेहरे पर अनावश्यक गंभीरता बनाए रखना प्रशासनिक सफलता का सूत्र समझते हैं। किसी विशेष परिस्थिति में; जैसे—अपराधी से पूछताछ करते समय, गंभीरता भले ही आवश्यक हो, किंतु वह हमारी आदत नहीं बननी चाहिए। याद रखिए, जो अनुशासन प्यार से किसी का हृदय जीतकर बनाया जा सकता है, वह क्रोधपूर्ण, तनावग्रस्त अथवा चौबीस घंटे की गंभीर मुख-मुद्रा से उत्पन्न नहीं किया जा सकता है। इससे भय तो उत्पन्न हो सकता है, किंतु भय से उत्पन्न अनुशासन स्थायी नहीं होता है।

1 मुसकान के सम्मोहन को विचित्र क्यों कहा गया है?

2 कुछ अधिकारी अपनी सफलता का सूत्र किसे समझ बैठते हैं?

3 स्थायी अनुशासन कैसे बनाया जा सकता है?

4 विपरीतार्थक (विलोम) शब्द लिखिए।

(क) अनावश्यक

(ख) सफलता

5 इन शब्दों के मूल शब्द और प्रत्यय अलग कर लिखिए।

(क) समानता

(ख) प्रशासनिक

गद्यांश 2

मुंशी प्रेमचंद अनुशासित जीवन जीते थे। वे प्रात:काल जल्दी उठ जाते थे और दैनिक कार्यों से मुक्त होकर एक घंटा खुले मैदान में घूमते थे। घर लौटकर वे अपने अधिकांश कार्य स्वयं करते थे। वे नौकरों से काम लेकर अपनी आदत बिगाड़ना नहीं चाहते थे। उनका मानना था कि जिस आदमी के हाथ में काम करने से घट्टे (निशान) न पड़े हों, उसे रोटी खाने का अधिकार नहीं है। वे अपने सारे काम निपटाकर नाश्ता करते थे। लिखने के लिए उन्हें प्रात:काल का समय पसंद था। वे वक्त के बड़े पाबंद थे। वे खुद समय पर स्कूल पहुँचकर छात्रों के सामने उदाहरण प्रस्तुत करना चाहते थे। समय की बर्बादी को वे गुनाह मानते थे। उनका मानना था कि समय की पाबंदी के बिना कोई जाति या देश उन्नति नहीं कर सकता है। उन्हें छात्रों से बहुत उम्मीदें थीं। वे चाहते थे कि शिक्षा संस्थानों से ही छात्रों को त्याग, साहस, देश-प्रेम और देश सेवा का मंत्र दिया जाना चाहिए।

1 प्रेमचंद के अनुसार रोटी खाने का अधिकार किसे नहीं है?

2 प्रेमचंद समय की बर्बादी को गुनाह क्यों मानते थे?

3 प्रेमचंद छात्रों में कौन-कौन से मानवीय मूल्य देखना चाहते थे?

4 विपरीतार्थक शब्द लिखिए

(क) उन्नति

(ख) शिक्षा

5 'अधिकार' शब्द में से उपसर्ग तथा 'दैनिक' शब्द में से प्रत्यय छाँटकर लिखिए।

वर्कशीट 2

निर्देश *निम्नलिखित गद्यांशों को ध्यानपूर्वक पढ़िए और पूछे गए प्रश्नों के संक्षिप्त उत्तर दीजिए।*

गद्यांश 1

आजकल विश्व को ग्लोबल वार्मिंग की समस्या से दो-चार होना पड़ रहा है। वायुमंडल में प्रदूषित गैसों के इकट्ठा हो जाने से यह समस्या बढ़ती जा रही है। इससे प्राणियों के जीवन का सुरक्षा कवच कहलाने वाली ओज़ोन परत में छिद्र हो गया है। बढ़ते तापक्रम के कारण उत्तरी ध्रुव पर जमे हिमनद पिघलने लगे हैं। इन हिमनदों को ग्लेशियर भी कहा जाता है। ये जल-आपूर्ति के सबसे बड़े स्रोत हैं। जलवायु-चक्र को संतुलित करने में इनकी भूमिका अत्यंत महत्त्वपूर्ण होती है। पहाड़ों की चोटियों पर जमी बर्फ़ की मोटी-मोटी चट्टानें ग्लेशियर कहलाती हैं। इन बर्फ़ीली चट्टानों को छूकर जब हवा गुज़रती है, तो तापमान में कमी आती है। जैसे-जैसे तापमान बढ़ता है, ये ग्लेशियर पानी में बदलकर धरती के प्राणियों की प्यास बुझाकर जीवनदायी बन जाते हैं।

1 ग्लोबल वार्मिंग बढ़ने का क्या कारण है?

2 ग्लेशियर जलवायु-चक्र को कैसे संतुलित करते हैं?

3 हिमनदों को जीवनदायी क्यों कहा गया है?

4 प्रत्येक के दो-दो पर्यायवाची लिखिए।

(क) पहाड़

(ख) हवा

5 विपरीतार्थक शब्द लिखिए।

(क) समस्या

(ख) जीवन

गद्यांश 2

हमारे जीवन में नदियों की विशेष महत्ता है। नदियों के कारण ही हमारा जीवन संभव हो सका है। भारतीय संस्कृति में नदियाँ पूजनीय मानी गई हैं। नदियों से हमें अमृत तुल्य जल प्राप्त होता है। इसका उपयोग हम खेतों की सिंचाई करने, अपनी प्यास बुझाने, बिजली बनाने, घरेलू काम करने के अलावा और भी बहुत-से कार्यों में करते हैं। नदियाँ आवागमन का साधन बनकर जलमार्ग उपलब्ध कराती हैं। प्राचीनकाल में अधिकांश व्यापार इसी मार्ग से होता था। लोग नावों द्वारा आते-जाते और व्यापार करते थे। भारतीय संस्कृति में अनेक धार्मिक क्रियाकलाप नदियों के किनारे किए जाते हैं। शहरों में पेयजल का मुख्य स्रोत नदियाँ ही हैं। दुर्भाग्य से मनुष्य अपने स्वार्थपूर्ण व्यवहार से नदियों को दूषित कर रहा है। नदियों में जानवरों को नहलाने, कपड़े धोने, पूजा-पाठ की अवशिष्ट सामग्री फेंकने, नदियों में लाशें प्रवाहित करने या उनके किनारे पर अंत्येष्टि क्रिया करने से नदियों का प्रदूषण बढ़ा है। हमें नदियों को बचाने का पूरा प्रयास करना चाहिए।

1 नदियाँ हमारे लिए किस प्रकार लाभकारी हैं?

2 व्यापार बढ़ाने में नदियों की भूमिका स्पष्ट कीजिए।

3 नदियों में बढ़ते प्रदूषण को रोकने के लिए आप क्या-क्या सुझाव देंगे? लिखिए।

4 संधि-विच्छेद कीजिए।

(क) दुर्भाग्य +

(ख) अधिकांश +

5 'आवागमन' का समानार्थी शब्द लिखिए।

वर्कशीट 3

निर्देश *निम्नलिखित गद्यांशों को ध्यानपूर्वक पढ़िए और पूछे गए प्रश्नों के संक्षिप्त उत्तर दीजिए।*

गद्यांश 1

किसी जंगल में बरगद के पेड़ के नीचे घनी झाड़ियों के बीच एक तीतर अपने छोटे से बिलनुमा घोंसले में रहता था। वह अपने आस-पास के पक्षियों के साथ मिल-जुलकर रहता था। उधर क्वार बीतते-बीतते धान की बालियाँ पककर सुनहरी हो चली थीं। इनमें से निकलने वाला चावल तीतर का प्रिय भोजन था। एक दिन तीतर धान के खेत में गया। पके धान को देखकर उसके मुँह में पानी आ गया। उसने स्वादिष्ट चावल खाए और वहीं खेत में फसल के बीच सो गया। तीतर को बड़ा आनंद आया। इस तरह जब वह दस दिन बाद अपने घोंसलेनुमा बिल की ओर आया, तो उसमें खरगोश को सोते पाया। उसने खरगोश को भगाना चाहा पर खरगोश न गया। अंत में उसने पंचायत बुलाई और बंदर को सरपंच बनाकर सारी बात सुनाई। सारी बात जानकर बंदर ने दूध-का-दूध और पानी-का-पानी कर दिया और तीतर को उसका घर दिलाया।

1 तीतर का घोंसला कहाँ पर था?

2 तीतर धान के खेत में क्यों गया?

3 तीतर को उसका घर वापस कैसे मिला?

4 पर्यायवाची शब्द लिखिए।

(क) जंगल

(ख) भोजन

5 प्रत्यय लगाकर शब्द बनाइए।

(क) दिन + इक

(ख) आनंद + इत

गद्यांश 2

बहुत पुराने समय की बात है। तब यातायात के साधन बहुत कम थे। लोग पैदल और बैलगाड़ियों से यात्रा करते थे। रास्ते में चोर-डाकुओं का भय बना रहता था। इनसे बचने के लिए लोग समूह में यात्रा करते थे। बालक अब्दुल कादिर की माँ ने उससे कहा कि वह अपनी नानी के पास कुछ अशर्फियाँ लेकर चला जाए। उसने उन अशर्फियों को उसकी सदरी के अस्तर में सिलकर उसे भी व्यापारियों के साथ रवाना कर दिया। सुनसान रेगिस्तान में डाकू यात्रियों को लूटने लगे। एक डाकू के पूछने पर अब्दुल कादिर ने बताया कि उसके पास अशर्फियाँ हैं। उसने डाकुओं के सरदार के सामने सदरी का अस्तर फाड़कर अशर्फियाँ दिखा दीं। डाकुओं को बड़ा आश्चर्य हुआ। उन्होंने उससे पूछा, ''तुमने ऐसा क्यों किया? तुमने हमें अशर्फियाँ क्यों दिखा दीं? हम तो इन अशर्फियों को खोज भी न पाते।'' बालक ने कहा, ''चलते समय मेरी माँ ने कहा था, बेटा! कभी झूठ न बोलना।'' डाकुओं पर बालक की बात का असर हुआ। उन्होंने लूटा गया माल वापस कर दिया।

1 पहले यात्री चोर-डाकुओं से बचने के लिए क्या उपाय अपनाते थे?

2 कादिर की माँ ने अशर्फियाँ भेजने के लिए क्या किया?

3 बालक ने डाकुओं को अशर्फियाँ क्यों दिखा दीं?

4 'भय' शब्द के दो पर्यायवाची लिखिए।

5 वचन बदलिए।

(क) अशर्फियाँ

(ख) यात्री

अपठित बोध (काव्यांश)

वर्कशीट 1

निर्देश *निम्नलिखित काव्यांशों को ध्यानपूर्वक पढ़िए और पूछे गए प्रश्नों के संक्षिप्त उत्तर दीजिए।*

काव्यांश 1

वह खून कहो किस मतलब का, जिसमें उबाल का नाम नहीं।
वह खून कहो किस मतलब का, आ सके देश के काम नहीं।
वह खून कहो किस मतलब का, जिसमें जीवन है न रवानी है।
जो परवश होकर बहता है, वह खून नहीं है, पानी है।
उस दिन लोगों ने सही-सही, खूँ की कीमत पहचानी थी।
जिस दिन सुभाष ने बर्मा में, माँगी उनसे कुर्बानी थी।
बोले "स्वतंत्रता की खातिर बलिदान तुम्हें करना होगा।
तुम बहुत जी चुके हो जग में, लेकिन आगे मरना होगा"।
आज़ादी के चरणों में जो, जयमाल चढ़ाई जाएगी।
सुनो, तुम्हारे शीशों के, फूलों से गूँथी जाएगी।

1 'देश के काम आने' का आशय स्पष्ट कीजिए।

2 सुभाषचंद्र बोस ने लोगों से कुर्बानी क्यों माँगी थी?

3 आज़ादी के चरणों में चढ़ाई जाने वाली जयमाल की विशेषता बताइए।

4 विपरीतार्थक शब्द लिखिए।

(क) जीवन

(ख) आज़ादी

5 निम्नलिखित शब्दों के दो-दो पर्यायवाची शब्द लिखिए।

(क) फूल ,

(ख) पानी ,

काव्यांश 2

इस समाधि में छिपी हुई है, एक राख की ढेरी।
जलकर जिसने स्वतंत्रता की दिव्य आरती फेरी।।
यह समाधि, यह लघु समाधि, है झाँसी की रानी की।
अंतिम लीला स्थली यही है लक्ष्मी मर्दानी की।।
यहीं कहीं पर बिखर गई, वह भग्न विजय-माला सी।
उसके फूल यहाँ संचित हैं, है यह स्मृति-शाला सी।।
सहे वार पर वार अंत तक लड़ी वीर बाला-सी।
आहुति-सी गिर चढ़ी चिता पर, चमक उठी ज्वाला-सी।।
बढ़ जाता है मान वीर का, रण में बलि होने से।
मूल्यवती होती सोने की भस्म यथा सोने से।।
रानी से भी अधिक हमें अब यह समाधि है प्यारी।
यहाँ निहित है स्वतंत्रता की आशा की चिनगारी।।

1 अंतिम लीला स्थली किसे कहा गया है और क्यों?

2 कवयित्री को यह समाधि अधिक प्रिय क्यों लगती है?

3 रानी की समाधि और अन्य समाधियों में क्या अंतर है?

4 (क) प्रस्तुत शब्दों के बहुवचन रूप लिखिए—ढेरी, ज्वाला।

(ख) प्रस्तुत शब्दों के स्त्रीलिंग रूप लिखिए—वीर, कवि।

5 विपरीतार्थक शब्द लिखिए।

(क) लघु

(ख) विजय

वर्कशीट 2

निर्देश *निम्नलिखित काव्यांशों को ध्यानपूर्वक पढ़िए और पूछे गए प्रश्नों के संक्षिप्त उत्तर दीजिए।*

काव्यांश 1

पीत-पाँवड़े पड़े हुए थे, वृक्षों के मधु बंदनवार।
उससे चलकर ही कौशल-सुत आए थे कुटिया के द्वार।
खड़ा गगन का द्वीप स्वयं ही लिए सूर्य की ज्योति महान्।
ताराओं के पुष्प अलक्षित, धूप-आरती का भगवान।।
द्विजगण शंखोच्चार सुनाते शुभागमन में रघुवर के।
शबरी अकचक देख रही थी, आज उन्हें जी भर-भर के।
स्याम स्वर्ण कमल नयन थे, जटा-मुकुट सिर पर अभिराम।
धनुष-बाण तरकश को धारे, सुंदरता को कोटि ललाम।।

1 शबरी की कुटिया में कौन आए थे?

2 राम की धूप-आरती किसने और किस तरह उतारी?

3 राम के रूप सौंदर्य का संक्षिप्त वर्णन कीजिए।

4 विपरीतार्थक शब्द लिखिए।

(क) पुष्प

(ख) स्याम

5 'नयन' शब्द के दो पर्यायवाची लिखिए।

काव्यांश 2

देखकर बाधा विविध, बहु विघ्न घबराते नहीं। रह भरोसे भाग वे दुःख भोग पछताते नहीं।।
काम कितना ही कठिन हो, किंतु उकताते नहीं। भीड़ में चंचल बने जो वीर दिखलाते नहीं।।

हो गए इक आन में उनके बुरे दिन भी भले। सब जगह सब काल में वे ही मिले फूले-फले।।
व्योम को छूते हुए दुर्गम पहाड़ों के शिखर। वे घने जंगल जहाँ, तम रहता है आठों पहर।।
गरजती जलराशि की उठती हुई ऊँची लहर। आग की भयदायिनी फैली दिशाओं में लवर।।

1 कविता में कर्मवीर की क्या-क्या विशेषताएँ बताई गई हैं?

2 कर्मवीरों को किन-किन स्थानों पर कार्य करते हुए देखा जा सकता है?

3 'व्योम को छूते हुए दुर्गम पहाड़ों के शिखर' पंक्ति का आशय स्पष्ट कीजिए।

4 पर्यायवाची शब्द लिखिए।
(क) विघ्न
(ख) तम

5 विपरीतार्थक शब्द लिखिए।
(क) दु:ख
(ख) कठिन

वर्कशीट 3

निर्देश *निम्नलिखित काव्यांशों को ध्यानपूर्वक पढ़िए और पूछे गए प्रश्नों के संक्षिप्त उत्तर दीजिए।*

काव्यांश 1

उठो धरा के अमर सपूतों, पुन: नया निर्माण करो।
जन-जन के जीवन में फिर से नई स्फूर्ति, नव प्राण भरो।
नया प्रात है, नई बात है, नई किरण है, ज्योति नई।
नई उमंगें, नई तरंगें, नई आस है, साँस नई।
युग-युग के मुरझे सुमनों में नई-नई मुसकान भरो।
उठो धरा के अमर सपूतों, पुन: नया निर्माण करो।
डाल-डाल पर बैठ विहग, कुछ नए स्वरों में गाते हैं,
गुन-गुन, गुन-गुन करते भौंरे, मस्त हुए मँडराते हैं।
नव युग की नूतन वीणा में, नया राग नवगान भरो।
उठो धरा के अमर सपूतों, पुन: नया निर्माण करो।

1 कवि भारतवासियों से क्या आह्वान कर रहा है?

2 'युग-युग के मुरझे सुमनों में' यहाँ सुमन किनके प्रतीक हैं? कवि उन्हें किस रूप में देखना चाहता है?

3 कवि नव युग की वीणा में किस प्रकार का राग भरना चाहता है?

4 (क) 'विहग' के दो पर्यायवाची शब्द लिखिए।

(ख) 'अमर' शब्द के दो अर्थ लिखिए।

5 'नूतन' और 'निर्माण' शब्दों के विपरीतार्थक लिखिए।

काव्यांश 2

अनमने मन से एक दिन गोलू जा रहा था अपने स्कूल।
देखकर बंदर पेड़ से लटके अपना गंतव्य गया वह भूल।।
उछल-कूद करते थे बंदर फल खाते थे जी-भर कर।
सोचा इन-साथ मैं भी खेलूँ क्या बनना है पढ़-लिखकर।।
बैठ गया वह पेड़ के नीचे बस्ता अपना दिया उतार।
शीतल हवा के झोंके उसको ले चले निद्रा के संसार।
बंदर आए डाल छोड़कर बस्ता लेकर झटपट भागे।
एक-एक पुस्तक हाथ में लेकर पढ़ने लगे जरा दूर जाके।।
'इ' से इमली 'आ' से आम 'भ' से भालू 'म' से मकान।
एक कलम के तीन रुपये पाँच कलम के बोलो दाम।।
गुजरा जब 'प्रमोद' उस रस्ते देखा, बंदर मिलकर पढ़ते थे।
कुछ पढ़ते थे ए बी सी डी कुछ याद पहाड़े करते थे।।
जाकर उसने पूछा उनसे, "क्या करते हो तुम सब मिलकर।"
वे बोले, "हम बनेंगे आदमी मेहनत से पढ़-लिखकर ।।"

1 गोलू स्कूल जाना क्यों भूल गया?

2 हवा के झोंकों का गोलू पर क्या असर हुआ?

3 बंदर क्या-क्या पढ़ रहे थे और क्यों?

4 (क) 'मेहनत' के दो पर्यायवाची शब्द लिखिए। (ख) 'शीतल' शब्द के दो अर्थ लिखिए।

5 विपरीतार्थक शब्द लिखिए।

(क) निद्रा (ख) प्रमोद

उत्तरमाला

पाठ्य-पुस्तक

1 हम पंछी उन्मुक्त गगन के

3. (1) (घ) (iv) पिंजरे में गीत गाना (ङ) (iii) सदा स्वतंत्र जीवन जीने की
   (2) (घ) (iv) पेड़ की सबसे ऊँची टहनी पर (ङ) (ii) सूर्य की लाल किरणों से
4. (क) क्षितिज (ख) होड़ा-होड़ी (ग) मिलन (घ) तनती (ङ) डोरी (च) टहनी
   (छ) भिन्न (ज) पंख (झ) आकुल (ञ) विघ्न
5. (क) (✓) (ख) (×) (ग) (✓) (घ) (×) (ङ) (✓) (च) (✓)

2 दादी माँ

4. (1) (घ) (iv) गंध एवं झाग भरे पानी में कूदकर (ङ) (iii) अधिकरण कारक
   (2) (घ) (iv) बारात जाने के बाद पहुँचने के कारण (ङ) (iv) पुत्र + उत्पत्ति
   (3) (घ) (iii) दादी की आँखों में आँसू देखने के कारण (ङ) (ii) क्रिया-विशेषण
5. (क) (×) (ख) (✓) (ग) (✓) (घ) (✓) (ङ) (×)

3 हिमालय की बेटियाँ

4. (1) (घ) (iii) समतल मैदानों में (ङ) (ii) उछाल (2) (घ) (iv) पिघलती बर्फ़ को (ङ) (iii) इत
5. (क) (✓) (ख) (×) (ग) (×) (घ) (✓) (ङ) (×)

4 कठपुतली

3. (1) (घ) (iii) विद्रोह का (ङ) (ii) आज्ञावाचक (2) (घ) (iii) हिचकिचाहट (ङ) (ii) विशेषण
4. (क) (×) (ख) (×) (ग) (✓) (घ) (✓)

5 मिठाईवाला

4. (1) (घ) (iii) लहराते सागर की लहरों से (ङ) (iii) इच्छा + अनुसार (2) (घ) (ii) दो पैसे (ङ) (iii) देशज
5. (क) (✓) (ख) (×) (ग) (×) (घ) (✓)
   (ङ) (✓) (च) (✓) (छ) (×)

6 रक्त और हमारा शरीर

4. (1) (घ) (iv) चार माह (ङ) (ii) निश्चित परिमाणवाचक विशेषण (2) (घ) (iv) कुछ ही दिन (ङ) (ii) जातिवाचक संज्ञा
5. (क) थकान (ख) प्लाज़्मा (ग) ऑक्सीजन (घ) लौह तत्त्व (ङ) सफ़ेद

7 पापा खो गए

4. (1) (घ) (iv) खंभा (ङ) (ii) तद्भव (2) (घ) (iii) हेडमास्टर से (ङ) (iv) क्रिया-विशेषण
5. (क) खंभा (ख) लैटरबॉक्स (ग) लड़की (घ) प्यारी (ङ) दुष्ट
6. (क) (×) (ख) (×) (ग) (✓) (घ) (✓) (ङ) (×)

8 शाम-एक किसान

3. (1) (घ) (ii) अंधकार को (ङ) (iii) उपमा अलंकार (2) (घ) (iii) किसान को (ङ) (ii) तद्भव
4. (क) (×) (ख) (✓) (ग) (×) (घ) (×) (ङ) (✓)

9 चिड़िया की बच्ची

4. (1) (घ) (ii) बेफ़िक्र (ङ) (iii) प्रविशेषण (2) (घ) (i) स्वार्थ की भावना (ङ) (ii) बेखटके
(3) (घ) (ii) माँ से (ङ) (ii) सर्वनाम
5. (क) (✓) (ख) (✓) (ग) (✓) (घ) (×) (ङ) (✓)
(च) (×) (छ) (×) (ज) (×) (झ) (×)

10 अपूर्व अनुभव

4. (1) (घ) (iii) जहाँ पेड़ से दो शाखाएँ निकलती हों (ङ) (ii) आज्ञावाचक
(2) (घ) (iii) सूरज की धूप उन पर पड़ रही थी (ङ) (iv) क्रिया-विशेषण
5. (क) (✓) (ख) (×) (ग) (✓) (घ) (×) (ङ) (×)

11 रहीम के दोहे

3. (1) (घ) (iii) वह मछलियों से सच्चा प्रेम नहीं करता (ङ) (i) अनुप्रास

12 कंचा

4. (1) (घ) (ii) अलमारी में (ङ) (ii) संबंधबोधक (2) (घ) (iii) हॉर्न की आवाज़ से (ङ) (iv) निपात
5. (क) अप्पू (ख) चिड़चिड़ाहट (ग) बॉयलर (घ) नोटिस (ङ) छोटे
6. (क) (✓) (ख) (×) (ग) (×) (घ) (✓) (ङ) (✓)

13 एक तिनका

3. (1) (घ) (ii) सब कुछ अचानक होने के कारण (ङ) (iii) तृण (2) (ग) (iii) व्यंग्य किया (घ) (ii) बेचारी
4. (क) (×) (ख) (×) (ग) (✓) (घ) (✓) (ङ) (✓)

14 खानपान की बदलती तसवीर

4. (1) (घ) (iii) कुछ ही लोग जानते थे (ङ) (ii) संप्रदान कारक (2) (घ) (ii) कमी (ङ) (i) खाद्य + अन्न
5. (क) (×) (ख) (✓) (ग) (✓) (घ) (✓) (ङ) (×)

15 नीलकंठ

4. (1) (घ) (iii) पिंजड़े की संकीर्णता (ङ) (iv) तीतरों के समान (2) (घ) (ii) तीस रुपये (ङ) (ii) सर्वनाम
(3) (घ) (iii) दोनों पंजों की उँगलियाँ टूटकर एकत्रित हो गई (ङ) (iii) सरल वाक्य
5. (क) संकीर्ण (ख) चूहेदानी (ग) निवास (घ) सेनापति, संरक्षक
(ङ) साँप (च) पंजों (छ) वर्षा (ज) दुकेली
6. (क) (✓) (ख) (×) (ग) (✓) (घ) (×) (ङ) (✓)

16 भोर और बरखा

3. 1. (घ) (iv) सुर-नर (ङ) (ii) करत 2. (घ) (iv) चारों दिशाओं से (ङ) (i) श्रीकृष्ण

17 वीर कुँवर सिंह

4. (1) (घ) (i) जगदीशपुर लौटने के बाद (ङ) (ii) ईक (2) (घ) (ii) उनके पिता का
(ङ) (iv) भाववाचक संज्ञा (3) (घ) (ii) सामाजिक (ङ) (ii) इक
5. (क) (×) (ख) (✓) (ग) (✓) (घ) (×)
(ङ) (✓) (च) (×) (छ) (✓) (ज) (✓)

18 संघर्ष के कारण मैं तुनुकमिज़ाज़ हो गया : धनराज

4. (1) (घ) (iii) अपने बड़े भाई से (ङ) (ii) क्षमता
   (2) (घ) (ii) कविता (उनकी बड़ी भाभी) (ङ) (iii) उपसर्ग और प्रत्यय दोनों
5. (क) धनराज (ख) स्टिक (ग) तरक्की (घ) अरमाडा (ङ) आर्थिक (च) प्रतिष्ठा

19 आश्रम का अनुमानित व्यय

4. (1) (घ) (i) दस (ङ) (ii) अधिकरण कारक (2) (घ) (iii) जल्दी में (ङ) (ii) अति

20 विप्लव-गायन

3. (1) (घ) (ii) कोमल स्वर से परिवर्तन संभव नहीं (ङ) (iii) वीणा बजाते समय पहना जाने वाला धातु का छल्ला
   (2) (घ) (iii) सड़ी-गली परंपराओं एवं रूढ़ियों के (ङ) (iv) विशेषण

व्याकरण

1 भाषा, लिपि और व्याकरण

1. (क) (i) दो (ख) (ii) लिखित भाषा (ग) (iii) मौखिक रूप (घ) (i) अनेक
2. (क) (✓) (ख) (×) (ग) (×) (घ) (✓) (ङ) (×)
3. (क) हिंदी (ख) मौखिक भाषा (ग) लिखित (घ) विचारों
4. (क) देवनागरी (ख) रोमन (ग) देवनागरी (घ) गुरुमुखी (ङ) देवनागरी
5. (क) लिखित भाषा (ख) मौखिक भाषा (ग) मौखिक भाषा (घ) मौखिक भाषा (ङ) मौखिक भाषा
6. (क) यह पहाड़ी ऊँची है। (ख) मुझे पिताजी ने बुलाया है।
   (ग) गाय हरी घास खाती है। (घ) मुझे आज स्कूल नहीं जाना है।

2 वर्ण-विचार

1. (क) ा (ख) ि (ग) ी (घ) ु
   (ङ) ू (च) े (छ) ौ
3. (क) (iii) ह्रस्व स्वर (ख) (i) दीर्घ स्वर (ग) (v) अयोगवाह/अनुस्वार (घ) (ii) अनुनासिक (ङ) (iv) स्पर्श स्वर
4. श्र – आश्रय, श्रेय, परिश्रमी शृ – शृंगार, शृंगाल, शृंग
5. (क) शंकर (ख) चंचल (ग) घंटी (घ) हिंदी (ङ) आरंभ
6. (क) विख्यात (ख) कृपालु (ग) चौकन्ना (घ) ड्रामा (ङ) दक्षिण
7. (क) स् + अ + र् + अ + द् + आ + र् + अ (ख) प् + र् + अ + क् + आ + श् + अ
   (ग) क् + अ + म् + अ + ल् + अ (घ) ल् + ओ + च् + अ + न् + अ
   (ङ) प् + उ + स् + त् + अ + क् + अ

3 शब्द-विचार

1. (क) (✓) (ख) (✓) (ग) (×) (घ) (✓) (ङ) (✓)
2. (क) पत्ता (ख) देशी (ग) यौगिक शब्द (घ) योगरूढ़ शब्द (ङ) विदेशी शब्द
3. (क) (ii) फ़ारसी (ख) (iii) रूढ़शब्द (ग) (i) यौगिक शब्द (घ) (v) देशी शब्द (ङ) (iv) तत्सम् शब्द
4. (क) गृह (ख) अंधकार (ग) कर्ण (घ) नासिका (ङ) सर्प
5. (क) धैर्य (ख) ध्वनि (ग) निंब (घ) नक्षत्र (ङ) धरित्री
6. (क) (v) आग (ख) (i) आँसू (ग) (iv) अंधा (घ) (ii) अंगूठा (ङ) (iii) ग्यारह

4 उपसर्ग एवं प्रत्यय

1. (क) (✓) (ख) (✓) (ग) (×) (घ) (×)
2. (क) आगे (ख) पीछे (ग) अधि (घ) सु
3. (क) अ, अनाथ (ख) अति, अत्युत्तम (ग) अप, अपशब्द (घ) प्रति, प्रतिदिन (ङ) अप, अपमान (च) आ, आजीवन
4. (क) भूखा (ख) बुढ़िया (ग) लंबाई (घ) बचपन (ङ) चिकनाहट (च) भारतीय
5. (क) अपकार, अपयश, अपशकुन (ख) उपयोग, उपचार, उपक्रम (ग) आदान, आजन्म, आमरण
   (घ) दुर्बल, दुर्दिन, दुर्लभ (ङ) दुष्कर्म, दुस्साहस, दुष्कर
6. (क) देवत्व, गुरुत्व (ख) रंगीन, नमकीन (ग) बुढ़ापा, पुजापा
   (घ) लुहारिन, सुनारिन (ङ) बुढ़िया, चुहिया
7.

उपसर्ग	**प्रत्यय**	**मूल शब्द**	**उपसर्ग**	**प्रत्यय**	**मूल शब्द**
(क) अ	ता	सफल	(ख) अ	ईय	मानव
(ग) अभि	ई	मान	(घ) अप	इत	मान
(ङ) अ	इक	कल्पना			

8. (क) अनुराग (ख) निरंजन (ग) प्रकट (घ) संयोग

5 संधि

1. (क) (✓) (ख) (×) (ग) (×) (घ) (✓) (ङ) (✓)
2. (क) नयन (ख) श्रो + अन (ग) सदवाणी (घ) उन्नति
3.

स्वर संधि	**व्यंजन संधि**	**विसर्ग संधि**	**स्वर संधि**	**व्यंजन संधि**	**विसर्ग संधि**
यथेष्ट	उल्लेख	मनोरथ	राजर्षि	वागीश	दुर्जन
तथैव	षडानन	निश्छल	स्वच्छ	संतोष	नमस्ते
पवन	तन्मय	मनोहर			नीरज

4. (क) मनोबल (ख) संचय (ग) उद्धरण (घ) सज्जन (ङ) प्रत्येक (च) निर्मल
5. (क) महा + आत्मा = दीर्घ संधि (ख) लंका + ईश = गुण संधि (ग) सदा + एव = वृद्धि संधि
   (घ) सु + आगत = यण संधि (ङ) पो + अन = अयादि संधि
6. (क) (i) धर्म + अर्थ (ख) (ii) योगी + ईश्वर (ग) (iii) चंद्र + उदय (घ) (i) तपः वन (ङ) (iii) कुश + आसन
7. (क) (ii) निराशा (ख) (iii) स्वच्छंद (ग) (i) सर्वोच्च (घ) (iv) नष्ट

6 समास

1. (क) गंगा (ख) द्वंद्व (ग) कर्मधारय (घ) संप्रदान तत्पुरुष
2. (क) (iii) कर्म तत्पुरुष (ख) (i) करण तत्पुरुष (ग) (iv) संप्रदान तत्पुरुष (घ) (v) अपादान तत्पुरुष (ङ) (ii) संबंध तत्पुरुष
3. (क) गली और गली, द्वंद्व समास (ख) जल का यान, संबंध तत्पुरुष (ग) सात ऋषियों का समूह, द्विगु समास
   (घ) तीन रंगों का समूह, द्विगु समास (ङ) लाल है जो मिर्च, कर्मधारय समास
4. (क) प्रत्येक दिन (ख) संप्रदान तत्पुरुष (ग) कर्मधारय समास
   (घ) तीन रंगों का समाहार (ङ) द्वंद्व समास (च) बहुव्रीहि समास
5. (क) हस्तलिखित (ख) देशभक्ति (ग) गुणहीन (घ) महाराजा (ङ) कनकलता (च) धन-दौलत

7 संज्ञा

1. (क) (✓) (ख) (×) (ग) (×) (घ) (✓) (ङ) (✓)
2. (क) छात्र, विद्यालय (ख) लड़के, छत, पतंग (ग) उपवन, फूल
   (घ) सब्ज़ियों, बिक्री (ङ) पुनीता, रौनक, पत्र
3. अपनत्व व्यक्तित्व बचपन कवित्व
   मानवता परायापन बुनाई पिसाई
4. (क) मिठाई, हलवाई ने मिठाई बनाई।
   (ख) दूरी, पृथ्वी से चंद्रमा बहुत दूरी पर स्थित है।
   (ग) कटाई, किसानों ने गेहूँ की कटाई आरंभ की।

(घ) प्यास, गर्मी के कारण बच्चों को अधिक प्यास लगने लगी।
(ङ) उदारता, हमें सदैव दूसरों के प्रति उदारता से पूर्ण व्यवहार करना चाहिए।
(च) बुढ़ापा, बुढ़ापा जीवन की एक अवस्था है।

5. (क) व्यक्तिवाचक (ख) भाववाचक (ग) भाववाचक (घ) जातिवाचक
6. (क) (ii) तीन (ख) (iii) कालवाचक संज्ञा (ग) (iii) भाववाचक संज्ञा
(घ) (i) जातिवाचक संज्ञा (ङ) (iii) पटना

8 संज्ञा के विकार

लिंग

1. (क) अध्यक्षा (ख) शिष्या (ग) भतीजी (घ) बेटी (ङ) जुलाहिन (च) पुजारिन
(छ) ठकुराइन (ज) अध्यापिका (झ) भीलनी (ञ) नारी
3. (i) आ–रमा, लता, भिक्षा (ii) ई–हँसी, बोली, साध्वी (iii) इया–बुढ़िया, गुड़िया, बिटिया
(iv) इन–धोबिन, तेलिन, सुनारिन (v) नी–शेरनी, चोरनी, मोरनी (vi) इका–नायिका, गायिका, सेविका
4. नित्य पुल्लिंग–क्रोध, समुद्र, राम नित्य स्त्रीलिंग–हानि, कहानी, तिथि
5. (क) साध्वी (ख) बुढ़िया (ग) ग्वालिन

वचन

1. (क) लड़के (ख) बच्चे (ग) चीते (घ) भाषाएँ (ङ) रीतियाँ
2. (क) चरखे (ख) पंखे (ग) घोड़े (घ) गत्ते (ङ) नदियाँ (च) नारियाँ
(छ) खिड़कियाँ (ज) घड़ियाँ (झ) साड़ियाँ (ञ) कहानियाँ (ट) आँखें (ठ) दीवारें
3. (क) (✓) (ख) (✓) (ग) (✓) (घ) (×) (ङ) (✓)
4. (क) एकवचन (ख) एकवचन (ग) बहुवचन (घ) एकवचन (ङ) एकवचन

कारक

1. (क) ने (ख) से (ग) से (घ) में (ङ) से
3. (क) ने, कर्ता कारक (ख) में, अधिकरण कारक (ग) को, कर्मकारक
(घ) से, करण कारक (ङ) ने, कर्ता कारक

9 सर्वनाम

1. (क) उसे – अन्य पुरुषवाचक सर्वनाम (ख) मुझे– उत्तम पुरुषवाचक सर्वनाम (ग) तुम–मध्यम पुरुषवाचक सर्वनाम
(घ) कोई – अनिश्चयवाचक सर्वनाम (ङ) अपने आप– निजवाचक सर्वनाम
2. (क) अनिश्चयवाचक (ख) प्रश्नवाचक (ग) उत्तम पुरुषवाचक
(घ) निश्चयवाचक (ङ) अन्य पुरुषवाचक
5. (क) (i) उत्तम पुरुष (ख) (ii) अन्य पुरुष (ग) (iii) तुम्हें (घ) (iii) निजवाचक सर्वनाम (ङ) (i) प्रश्नवाचक सर्वनाम

10 विशेषण

1. (क) सुरीला, मधुर (ख) दशहरी, महँगे (ग) तीनों, आधा (घ) पावन (ङ) रंग-बिरंगी
2. (क) अनुभवी (ख) सम्मानित (ग) स्मरणीय (घ) पढ़ाकू (ङ) बिकाऊ
(च) भुलक्कड़ (छ) भारतीय (ज) भीतरी
3. (क) विशेषण (ख) विशेष्य (ग) प्रविशेषण (घ) चार (ङ) दो

11 क्रिया

1. (क) खाना (ख) पाना (ग) जाना (घ) सहना (ङ) छिपना
(च) उड़ना (छ) उठना (ज) सोना (झ) रहना
2. (क) हथियाना (ख) सठियाना (ग) ललचाना (घ) शर्माना (ङ) फ़िल्माना
3. (क) अकर्मक (ख) सकर्मक (ग) सकर्मक (घ) अकर्मक (ङ) अकर्मक (च) अकर्मक
4. (क) (i) धातु (ख) (iii) दो (ग) (iv) एककर्मक (घ) (i) पूर्वकालिक क्रिया (ङ) (i) दो कर्म
5. (क) फटी (ख) खुला (ग) उड़ी (घ) डूबा (ङ) पके

12 काल

1. (क) (✓) (ख) (×) (ग) (✓) (घ) (✓) (ङ) (×)
3. (क) (iv) वर्तमान काल (ख) (i) वर्तमान काल (ग) (ii) तीन (घ) (i) वर्तमान काल

13 वाच्य

1. (क) (✓) (ख) (×) (ग) (×) (घ) (×)
2. (क) कर्तृवाच्य (ख) भाववाच्य (ग) कर्मवाच्य (घ) कर्तृवाच्य (ङ) भाववाच्य
4. (क) कर्तृवाच्य (ख) कर्मवाच्य (ग) कर्तृवाच्य (घ) कर्मवाच्य (ङ) भाववाच्य
6. (क) (ii) कर्मवाच्य (ख) (iii) मज़दूर काम करता है (ग) (ii) कर्मवाच्य (घ) (iv) ये सभी

14 अव्यय

क्रिया-विशेषण

1. (क) (i) स्थानवाचक (ख) (ii) परिमाणवाचक (ग) (i) रीतिवाचक (घ) (iii) कालवाचक
2. (क) तेज़ (ख) कल (ग) बहुत (घ) दाएँ-बाएँ (ङ) सरपट

संबंधबोधक

1. (क) के पास (ख) के समान (ग) के बिना (घ) के कारण (ङ) के सहारे
2. (क) के साथ (ख) के दोनों ओर (ग) के कारण (घ) के पास (ङ) के समान

समुच्चयबोधक

1. (क) और (ख) परंतु (ग) इसलिए (घ) एवं (ङ) और न
2. (क) (×) (ख) (✓) (ग) (×) (घ) (×) (ङ) (✓)

विस्मयादिबोधक

1. (क) (✓) (ख) (×) (ग) (✓) (घ) (×) (ङ) (✓)
3. (क) (i) हाय राम! (ख) (ii) वाह! (ग) (ii) अरे! (घ) (i) शाबाश!

15 वाक्य

1. (क) (✓) (ख) (×) (ग) (✓) (घ) (×) (ङ) (×)
2. (क) सरल वाक्य (ख) सरल वाक्य (ग) संयुक्त वाक्य

अपठित बोध

1 गद्यांश

वर्कशीट 1

गद्यांश 1

4. (क) आवश्यक (ख) असफलता 5. (क) मूल शब्द–मान/प्रत्यय–ता (ख) मूल शब्द–शासन/प्रत्यय–इक

गद्यांश 2

4. (क) अवनति (ख) अशिक्षा 5. (क) अधि (ख) इक

वर्कशीट 2

गद्यांश 1

4. (क) पर्वत, शैल (ख) समीर, मारुत
5. (क) समाधान (ख) मरण

गद्यांश 2

4. (क) दुः + भाग्य (ख) अधिक + अंश
5. आना-जाना

वर्कशीट 3

गद्यांश 1

4. (क) वन (ख) आहार
5. (क) दैनिक (ख) आनंदित

गद्यांश 2

4. (क) डर, खौफ़
5. (क) अशर्फी (ख) यात्रीगण

2 काव्यांश

वर्कशीट 1

काव्यांश 1

4. (क) मरण (ख) गुलामी
5. (क) पुष्प, सुमन (ख) जल, अंबु

काव्यांश 2

4. (क) ढेरियाँ, ज्वालाएँ (ख) वीरांगना, कवयित्री 5. (क) दीर्घ (ख) पराजय

वर्कशीट 2

काव्यांश 1

4. (क) काँटे (ख) श्वेत
5. नेत्र, आँख

काव्यांश 2

4. (क) बाधा (ख) अँधेरा
5. (क) सुख (ख) सरल

वर्कशीट 3

काव्यांश 1

4. (क) नभचर, खग (ख) कभी न मरने वाला, देवता 5. पुरातन, विध्वंस

काव्यांश 2

4. (क) परिश्रम, श्रम (ख) ठंडा, शीत
5. (क) अनिद्रा (ख) आमोद